民族之魂

为人师表

陈志宏 ◎ 编著

延边大学出版社

图书在版编目（CIP）数据

为人师表 / 陈志宏编著 . —— 延吉：延边大学出版
社，2018.4（2023.3 重印）
　（民族之魂 / 姜永凯主编）
　ISBN 978-7-5688-4499-4

　Ⅰ . ①为… Ⅱ . ①陈… Ⅲ . ①品德教育—中国—青少
年读物 Ⅳ . ① D432.62

中国版本图书馆 CIP 数据核字（2018）第 069538 号

为人师表

————————————————————————————

编　　　著：陈志宏
丛 书 主 编：姜永凯
责 任 编 辑：孙淑芹
封 面 设 计：映像视觉
出 版 发 行：延边大学出版社
社　　　址：吉林省延吉市公园路 977 号　　邮编：133002
网　　　址：http://www.ydcbs.com　　E-mail：ydcbs@ydcbs.com
电　　　话：0433-2732435　　　传真：0433-2732434
发行部电话：0433-2732442　　　传真：0433-2733056
印　　　刷：三河市同力彩印有限公司
开　　　本：640×920 毫米　　　1/16
印　　　张：8　　　　　　　　字数：90 千字
版　　　次：2018 年 4 月第 1 版
印　　　次：2023 年 3 月第 2 次印刷
ISBN 978-7-5688-4499-4

————————————————————————————

定价：38.00 元

人有灵魂，国有国魂；一个民族，也有民族魂。

鲁迅先生曾经说过："唯有民魂是值得宝贵的，唯有他发扬起来，中国才有真进步。"

鲁迅先生以笔代戈，战斗一生，曾被誉为"民族魂"。

民族魂，顾名思义，就是一个民族的灵魂！民族魂，是一个民族的精髓，体现了一种民族的精神，是一个民族生存和存在的精神支柱。

前 言

什么是中华民族的民族魂？那就是中华民族精神！它是中华民族凝聚力的理念核心，是中华文明传承的基因。它包含热烈而坚定的爱国情感，对生活的美好愿望和追求，为目标努力奋斗的拼搏毅力，为正义事业不惜牺牲自己的精神，以及正确的人生观和价值观。

翻开浩瀚的中国历史长卷，我们可以看到数不胜数的，体现民族精神和民族魂的英雄人物和可歌可泣的感人故事。

民族魂，不仅体现在爱国主义精神和行动中，而且体现在各个领域自强不息的民族奋斗中。而中华民族精神的力量，更是深深植根于延绵几千年的传统文化之中，始终是维系中华各族人民共同生活的纽带，是支撑中华民族生存和发展的精神支柱，是不断推动中华民族前进的强大动力。

民族魂体现在"重大义，轻生死"的生死观中；民族魂体现在"国家兴亡，匹夫有责"的使命感中；民族魂体现在"我以我血荐轩辕"的大无畏精神中；民族魂

体现在将国家利益置于最高的爱国情怀中！

纵观中华五千年文明史，曾经有多少杰出的政治家、军事家、思想家、文学家、科学家、艺术家；曾经有多少忧国忧民、鞠躬尽瘁的仁人志士；曾经有多少抗击外敌、英勇献身的民族英雄。他们或顺应历史潮流，积极改革弊政，励精图治，治国安邦，施利于民；或为人类进步而不断进行着农业、工业、科技、社会等各种创新；或开发和改造河山，不断创造着灿烂的中华文明；或英勇反击外来侵略，捍卫着国家主权和民族尊严；或坚决反对民族分裂，维护国家的统一……他们从不同的侧面，体现了中华民族的民族魂，谱写了几千年中华文明的壮丽诗篇，铸造了中华民族高尚而坚不可摧的"民族之魂"。

民族魂，就是爱国魂。从屈原在汨罗江边高唱的《离骚》，到文天祥大义凛然赴死前的"人生自古谁无死，留取丹心照汗青"的诗句；从岳飞的岳家军抗击入侵金兵，到郑成功收复台湾；从血雨腥风的鸦片战争，到硝烟弥漫的十四年抗战，再到抗美援朝的隆隆炮声……哪个为国捐躯的英雄不是可歌可泣的？

民族魂，就是奋斗魂。从勾践卧薪尝胆，到司马迁秉笔直书巨著《史记》；从鉴真东渡传播佛法终在第六次成功，到詹天佑自力更生建铁路；从袁隆平百次实验成为"水稻之父"，到屠呦呦的青蒿素获得诺贝尔奖……哪个不是历经艰难，最终取得成功？

民族魂，就是改革献身魂。从管仲改革到商鞅变法；从王安石变法到百日维新……哪次变法图强不是要冲破旧势力的阻挠，或流血牺牲？

民族魂，就是创新魂。 古有毕昇发明活字印刷，今有王选计算机照排；古有指南针、造纸术、火药、浑天仪、地动仪的发明，今有神舟号的相继飞天……哪个不是中华民族的智慧结晶？

自古以来，多少仁人志士为了维护人格的尊严和民族气节，以生命为代价！留下了"玉可碎不可污其白，竹可断不可毁其节"的称颂；有多少英雄豪杰，为理想和事业奋斗，面对死亡的威胁，大义凛然；有多少爱国壮士面对侵犯祖国的列强，挺身而出而献出生命。

伟大的中华民族孕育了五千年的辉煌，五千年的历史留下了璀璨的中华文明。

前 言

中国人的血脉流淌着顽强不屈的精神！我们的先辈用血汗和生命铸就了不朽的中华民族魂！换得如今中华大地的一片祥和安宁，换得我们现在的幸福生活。如今，我们要实现习近平主席提出的中国梦，依然需要我们秉承祖辈留下的这种"民族魂"。

青少年是国家的希望，亦是民族的未来。因此，爱国主义教育和励志图强教育要从青少年开始。为了增强对青少年的民族精魂和志向教育，我们精心编写了本套丛书——《民族之魂》丛书。

本套丛书将我国有史以来体现民族精神和民族魂的典型事迹，以通俗易懂的语言故事形式展现出来，适合青少年的阅读水平和欣赏角度。书中提供的人物和事件等故事，涉及社会的各个方面，有利于青少年学习和理

解，使读者能全方位地领悟中华民族精神。

为了帮助读者更好地理解和吸收故事的精神，编者在每篇故事后还给出了"心灵感悟"，旨在使故事更能贴近现实社会，让读者结合自身的需要学习领会，引发读者更深入的思考。

希望读者们可以从本套图书中获得教益，通过阅读，真正体会到中华民族之魂所在，同时能汲取其精华，不断提升自己各方面的素质和品格，为祖国新时代的建设和发展做出努力。

全套丛书分类编排，内容详尽，风格独具，是广大读者尤其是青少年爱国励志教育的优秀阅读材料。相信本套丛书一定可以成为青少年朋友的良师益友。

民族之魂

导言

　　为人表率，是指有一定名声或有职权、有地位者，在言谈举止和行为做事中，要能够有好的行为，起到榜样的作用。我们常说："榜样的力量是无穷的。"说的就是这个道理。为人表率是我国古代的教育原则之一，首先是对为师者的要求，即所谓"为人师表"。"其身正，不令而行；其身不正，虽令不从"，为人表率具有强大的说服力、吸引力和感召力。施教者的言传身教，具有影响受教育人的示范作用；家庭中长者的言行举止，对晚辈也直接起着表率的作用。

　　在中华民族发展的历史长河中，为人表率的先例层出不穷：从维护祖国统一、抵御外侮的文臣武将、志士仁人，到反抗压迫、替天行道的义军统帅、草莽英雄；从才华横溢、留下不朽篇章的文坛泰斗，到才思敏捷、成果卓著的科学巨匠，他们都成为一代代中国人尊崇和学习的榜样。这些为人表率的先人们是一种向上的力量，是一面镜子，是一面旗帜。这些不断涌现的榜样及其产生的力量，正是一个国家与民族的希望所在。在我国数千年的封建社会中，历朝历代均不乏为人表率的道德楷模。例如，率民治水三过家门而不入的夏禹、律己极严的廉吏孙叔敖、"与士卒同劳苦"的吴起、"专务以德化民"的汉文帝、两袖清风的"一钱太守"刘宠、能够犯颜直谏的魏征、"先天下之忧而忧"的范仲淹、大义灭亲杀贪官驸马的朱洪武、被康熙帝誉为"天下第一清官"的张伯行，以及百姓家喻户晓的文天祥、于谦、谭嗣同、包青天，等等，他们都不愧是为人表率的楷模。

在改革开放、大力发展社会主义经济的今天，如果每个为官之人都能真正做到廉洁自律、克己奉公，能够为人表率，经得起执政掌权和改革开放的双重考验，经得起商品社会里各种物质利益的诱惑，经得起各种"糖衣炮弹"的袭击，时时以"做官先做人"为信条，加强自己的道德修养，努力自塑并始终保持良好的道德形象，那必将形成上行下效、官呼民应、扶正祛邪的良好社会风气，从而有效地加强社会主义的德治教化，弘扬中华民族的传统美德。

在本书中，我们从古代先贤和近现代楷模的事迹中精选出一些典型故事。从这些故事中，我们能够看到他们身上优秀的无私品格和克己奉公的精神，这些都是我们今天学习的榜样。希望大家通过阅读此书，可以从中受到启迪，学习他们的精神和品格，做一个品德高尚的人，为国家的建设以及和谐社会的建立做出自己应有的贡献。

目录
CONTENTS

1

第一篇
品行高洁受人敬

徐九思为人"勤俭忍"

徐九思（1495—1580），字子慎，江西贵溪县人。明嘉靖四年（1525年）在江西参加乡试，考中举人。他为官清廉，自奉节约，衣着朴素，寒不重裘，暑不易葛，一日三餐，粗茶淡饭，过着穷书生的生活。他反对阿谀逢迎，吹牛拍马，为人处世恭敬谨慎。他办事公正，不徇私情，对诚实厚道的子民百姓给予恩典，对豪强习猾之徒严惩不贷。

明朝时候，徐九思任句容（江苏境内）知县。他治县有方，政绩卓著，全靠他的三字经——勤、俭、忍。

徐九思常说："俭则不费，勤则不隳，忍则不争，保身与家之道也。"为勉励自己为政清廉，力行勤俭，他在自己的居室挂了一幅《青菜图》，图旁有两行警句："为父母不可不知此味，为吾赤子不可令有此色。"无论做什么，他都以"勤、俭、忍"为座右铭。

徐九思的"勤"，除了勤于公务，洁身奉献，为当地人民兴利除弊之外，还带头勤于生产劳动。在徐九思的县衙里原有一个园圃，以往的县吏一心盘剥百姓，园圃无人经营，早已荒芜。徐九

思上任后，亲自率领衙内下属到园圃垦荒，地开垦出来后又种上蔬菜瓜果，饲养了猪羊鸡鸭。园中有个水池，他也进行了修整，放养了鱼苗。这样，不仅节约了生活开支，还培养了衙内下属们的劳动习惯。

徐九思尚"俭"的事迹更多。当时，句容县的粮簿上有一笔例金，这笔钱是专供地方官用的。徐九思到任后，毅然革除了这笔例金，他自己自然分文不得了。平日他的生活也十分俭朴，"生平不嗜肉，惟啖菜"。那时官员不分大小，宴请送礼成风，凡有官员路过此县，或上级官府的属员下县，地方官都滥用公款大肆宴请，重礼接送，造成了极大的浪费，徐九思决心刹住这股歪风。

一次，上级官府中一些属员来到句容县，照例要索取贿赂，但徐九思不予理睬。他们见鱼肉不成，便借酒装疯，谩骂县衙，咆哮公堂。徐九思毫不退让，令人将他们绑起来用鞭子抽打。这事被上面府尹得知，很是恼怒，骂徐九思目中无人，但也无可奈何。自此以后，句容县的贪奢歪风大为收敛，衙内的公费开支有很多节余，减轻了人民的负担。徐九思把省下的钱惠之于民。在句容县西部，有70多里的路面年久失修，损坏严重，按照惯例又要增收赋税来修路，但徐九思没向百姓收缴分文，便率人修好了路，整个工程所用全部是节约下的公费开支。

徐九思的"忍"，简单地说就是自己不争名、不争利，息事安贫。

徐九思在句容去邪扶正，疾恶扬善，而且厉行节约，勤政为民，百姓很崇敬他，为他建造了九思祠。后来，他因得罪严嵩被罢官，家居20余年仍不改勤俭。他为乡里立义田、兴义学，招抚流民，领头开荒，劝之种植，使当地百姓人人皆仰。当他85岁溘然离世时，句容人民纷纷拜伏于九思祠前祭祀，这时徐九思离开句容已35年了。

■故事感悟

徐九思做官政绩卓著，为世人称颂。他的一生自我约束，任劳任怨，为世人做出了很好的表率，最终得到了人们的肯定。

■史海撷英

隐忍徐九思

由于徐九思秉公办事，直言不讳，得罪了府尹和中丞，两人对徐九思进行报复，把他贬官调离句容。句容百姓得知此消息，去府中求见中丞，"父老数千人拥而入见，称公贤""皆泣涕执行曰：'微徐公，吾曹有填沟壑而已。'"后来吏部尚书出面干涉，才使徐九思留任。

徐九思在句容任县令9年后被调入京，任工部营缮司主事。他刚一上任，就遇到了一个难题。为阻止蒙古骑兵骚扰，朝廷决定在京师之外修一座外城，但原定路线要穿过都督陆炳的庄园。陆炳是世宗奶妈之子，他骄横跋扈，不可一世，因此工程久拖而不能完工。徐九思接下了这一任务，他反复思量之后，决定送陆炳一句赠言："匈奴未灭，何以家为，孰谓陆将军不如霍将军。"这令陆炳有怒而无处发，工程顺利完成。这一次与权贵的较量，展现了徐九思的为官才能。

严嵩专权后，由于徐九思一心忙于公务，怠慢了严嵩的党徒赵文华。赵文华寻找借口，最终使徐九思被罢官归里。回到乡里，徐九思依然不改利民的初衷，他兴办义学，布施赈济，招抚流民，兴修水利，做出了很多义举。

送唐介谪英州

（宋）徐九思

投荒万里岭南行，莫叩天阍诉不平。
忠说若教无鼠逐，奸邪何计窃安荣。
一封疏在铭周鼎，三黜名高重汉京。
最是中霄雷激烈，为君特地发冤声。

郑成功收复台湾

郑成功（1624—1662），汉族，明末清初军事家，民族英雄。本名森，又名福松，字明俨，号大木，福建省南安市石井镇人。其父郑芝龙，其母田川氏。郑成功是弘光时监生，隆武帝赐姓朱，并封忠孝伯，这也就是他俗称"国姓爷"的由来。清兵入闽，其父郑芝龙迎降，他哭谏不听，起兵抗清。后郑成功与张煌言联师北伐，震动东南。郑成功一生，抗清驱荷，以赶走荷兰殖民主义者、收复祖国领土台湾的业绩载入史册，海峡两岸均立像树碑纪念。

郑成功生于1624年，是福建南安人。他从小便才思敏捷，1644年进入南京国子监，成为太学生。

明朝灭亡后，郑成功举兵抗清。为建立长期抗清的根据地，他决计收复台湾。台湾自古以来就是中国的神圣领土，1624年被荷兰殖民者侵占。1661年3月23日，郑成功率领将士2.5万人，战舰350余艘，从厦门基地出发，横渡台湾海峡，奇迹般地出现在台湾鹿耳港外。24日，郑成功抵达澎湖岛。4月2日中午，海水涨潮，郑成功

命一将领高高地坐在水斗中，在前面带路，郑军船只鱼贯而入，平安地通过鹿耳门，一直冲到荷兰总督所在地——赤嵌城附近，迅速在禾寮港登陆，向敌人展开激烈攻势。荷兰侵略者仓皇迎战，死伤惨重，被迫投降。

荷兰人出动了全部海上力量向郑军进攻，郑军以60艘装有两门大炮的战舰前往迎敌。荷兰侵略者船坚炮利，首先开炮，将郑军战舰击沉两艘。郑军水兵勇敢，毫不退却，他们驾船围击荷兰船只，荷兰军队有名的"赫克托克"号被五六艘中国战船围住，很快被击沉，郑军水师取得初步胜利之后，士气更加旺盛。士兵将火船点燃，然后冒着炮火爬上敌船，用铁链把火船扣到敌船船头的斜桅上，敌船立即大火熊熊。荷兰船队大败，除"玛利亚号"船逃往海外，其余两艘都退回普罗凡舍堡附近海面，再也不敢轻举妄动了。

陆地上的荷兰人由贝尔德上尉率领240名士兵在北线尾出战，他们以12人为一排，大模大样地向郑军进犯。郑军集中3000人从正面迎战，又拨出七八百人从后面绕过小山进行偷袭。荷兰人腹背受敌，大部分被消灭。

郑成功在水陆大战连败荷兰人之后，实际控制了岛上的局势。他从容地部署部队，切断荷兰人所盘踞的两个城堡之间的联系，将他们分别包围起来。荷兰侵略者连吃败仗，孤立无援，龟缩在两个城堡里。普罗凡舍堡兵力薄弱，缺乏水源，无法防守，不久就宣布投降。

1662年1月25日，郑成功发出总攻击的命令。郑军在陆路组成三个炮队，每队28门大炮，对热兰遮堡猛轰，猛烈的炮火使热兰遮堡成了一片火海，荷兰人死伤甚多。郑成功还派10只火船，乘着北风火烧停泊在热兰遮堡外面的荷兰战船，烧毁敌船三艘。荷兰军队无力再战，决定投降。

1662年2月1日，荷兰侵略者在投降书上签字。台湾岛在荷兰殖民者统治38年之后，终于回到了祖国的怀抱。

郑成功收复台湾是历史上中国人民反对西方殖民主义斗争取得的一次伟大胜利，郑成功维护了祖国领土主权的独立和完整。300多年来，他不畏强暴、敢于斗争的英雄气概，一直激励、鼓舞着一代又一代中国人。

"围城三匝"破武安

据《长泰县志》中记载，顺治九年（1652年）正月十四日，郑成功亲率万名大军从海澄来攻长泰县武安镇。当时郑军"围城三匝"，把武安镇围得水泄不通。守城的县令傅永吉起用城中的"佛侬机"（铁炮）、"百子"（连弩）和鸟铳等枪炮3000多件，从城墙垛口对准郑军开火，郑军伤亡大半。但郑军英勇无比，一批士兵倒下了，另一批士兵又呐喊着冲上去。就这样，双方对峙了半个多月。

后来，清漳州总兵李率泰遣副将王进、冯君瑞前来增援。这位王进作战非常勇敢，人称"王老虎"。王进和冯君瑞两人率兵一到长泰，就对围城的郑军发动猛烈的进攻，双方对峙"几百日始解"。

时人叶先登有一篇文章记述得更为详细。他说，王进、冯君瑞的骑兵队伍赶来时，郑军被冲成三截，首尾不能相顾。还好郑军在郑成功的指挥下不慌不乱，很快稳住阵脚，"复合如故"，并且毁城墙20余丈。于是郑军的"红旗队"从城墙倒塌处"鼓噪而入"，县令傅永吉中弹身亡，郑军一举占领了武安镇，前后达47天之久。后因郑军粮草供应发生困难，郑成功才下令撤军返回厦门大本营。

闻西方反正喜咏得诚字

郑　经

群胡乱宇宙，百折守丹诚。
海岛无鸾信，乡关断鸡声。
义师兴棘岫，壮气撼长鲸。
旗旆荆襄出，刀兵日月明。
一闻因色动，满喜又心惊。
原扫腥膻幕，悉恢燕镐京。
更开朝贡路，再筑受降城。

陈嘉庚爱国的一生

陈嘉庚（1874—1961），福建厦门人。陈嘉庚长期侨居新加坡，从事橡胶业，热心兴办华侨和家乡的文化教育公益事业。1910年，陈嘉庚在新加坡参加同盟会，曾募款支持孙中山；1913年至1920年又先后在集美创办中小学、师范、水产、农业、航海、商科等学校及南洋华侨中学；1921年，陈嘉庚在厦门创办厦门大学。"九一八"事变后，在新加坡召开侨民大会，进行救国活动，并倡立南侨总会，他当选为该会主席。1949年，陈嘉庚出席全国政协会议第一届全体会议。新中国成立后，陈嘉庚历任中央人民政府委员、政协副主席、全国人大常务委员等职。

1903年，30岁的陈嘉庚来到新加坡，投身于新加坡实业界。经过4年多的艰苦创业，陈嘉庚企业的资产已经积累到十多万元。但他一下子拿出9万元代父还清了债款，这在具有古老传统道德观念的华侨当中获得了出乎意料的信誉。

就在这时，陈嘉庚经挚友介绍认识了孙中山先生。他如同水之归海，立即向往共和，倾心革命。1910年春天，陈嘉庚毅然剪

掉那条象征顺服满清统治的辫子，正式加入同盟会。从那时开始，陈嘉庚就把他的事业、他的生命，与祖国和人民更加紧密地连在一起。

武昌起义以后，福建省宣布脱离清廷独立。新加坡的华侨欢呼雀跃，议定组织福建保安会，负责筹款支持福建省民主政府维持地方治安，并推选陈嘉庚担任保安会会长。经过陈嘉庚和其他领导成员的努力，共筹款20万元，汇到福建后，对稳定局势、振奋民心、维护治安、推进革命起到很好的作用。不久，孙中山先生回国途经新加坡，陈嘉庚先生答应支援他5万元。孙中山先生回国后来电请援，他毫不迟疑如数汇交。

辛亥革命给陈嘉庚以莫大的鼓舞，激发起他满腔的爱国热忱。他深感兴办教育乃国家富强之道，而且自己也有一点办学经验，于是他毅然回到家乡，在集美投资创办了一所全国最好的新学校。陈嘉庚先生的举动震动了全省，震动了全国，震动了全南洋。

在此期间，陈嘉庚以坚毅敏锐的心力和果敢进取的精神，独资经营以橡胶业为中心的公司，创造了一个又一个神话般的奇迹。到了1925年，公司设立的商店和遍布世界各地的分支机构发展到100多家。陈嘉庚就此成为马来西亚的橡胶大王，新加坡华侨首名富翁，家财猛增到1200万元。

以这笔巨额资财作后盾，陈嘉庚把厦门大学办成了一所拥有文、理、法、商、教育5个学院，17个系的综合性大学，并使之成为全国著名的大学之一。陈嘉庚还把集美建成一座拥有10所学校，包括幼儿园、医院、图书馆、科学馆、教育推广部等单位在内的宏大的学校城，被誉为"奇特的、完美的、世界上最优良的、最富活力的学校城"。

陈嘉庚还为海外华侨先后创办了5所华文中小学、2所中专，赞助了1所大学，资助过8所华侨学校，仅在新加坡就扩充道南学校，支持爱同学校，赞助崇福女校，倡办华侨中学，创办南洋师范学校和南侨女中，并捐巨款支持美国教士筹办星州大学。

陈嘉庚把巨额家财全部捐献给社会，获得了卓越的成效。特别是他创办的学校培养出来的千千万万的人才，遍布祖国、东南亚以致世界各个角落，其中不少是今日学界的名流、财界的中坚、政界的领袖、科技界的权威。这些人创造的社会价值难以估量。

正当陈嘉庚的实业鼎盛之际，世界经济危机风暴猛袭新加坡，陈嘉庚的公司在这场全球性的经济危机风暴袭击下也被撼动了。1934年初，陈嘉庚毅然宣布企业全部停产收盘，核结清理。就这样，陈嘉庚不但为兴学报国倾尽了全部资财，而且还因坚持办学导致企业经营的失败。

1937年，即陈嘉庚企业停产收盘后的第3年，抗日战争爆发。为支援抗战，南洋华侨联合组织"南洋华侨筹赈祖国难民总会"，一致推选陈嘉庚担任总会主席，表明了炎黄子孙强烈的道义感和爱国心。

陈嘉庚被推举为全南洋华侨社会的最高领袖以后，积极领导各筹赈会，募捐并掌管了几万元的华侨义捐；吸引并组织了达11亿元的外汇，有力地支援了祖国抗击日本侵略者的正义战争。

1940年3月，陈嘉庚以南侨总会主席的身份回国，并到全国各地考察和慰问。在国内的所见所闻，使陈嘉庚对蒋介石政府感到很失望，对抗战的前途深感忧虑。不久，他几经周折来到延安。在延安的8天里，陈嘉庚会见了毛泽东、朱德等中共领导人，目睹了延安军民奋起抗战、保家卫国的场景，并对中国共产党人的光明磊落、朴素诚恳留下了很深的印象。从此，陈嘉庚决心和中国共产党站在一起，与国民党的卖国行

为做坚决的斗争。回到重庆后，在一次包括新闻记者参加的几百人出席的讲演会上，陈嘉庚举出了他在延安时所看到的许多生动的事实，证明延安无论在哪方面都是一派新气象。陈嘉庚的这篇演讲词在重庆轰动一时，对国民党人来说无疑是一颗重型炸弹。许多有正义感的人听了陈嘉庚的演讲，仿佛在混浊的空气中吸到了一股新鲜的空气，纷纷奔走相告，一时传遍重庆山城。

抗战胜利后，国共谈判破裂，内战爆发。就在这一年，陈嘉庚在新加坡创办了《南侨日报》。这家报纸同国内的民主爱国运动相呼应，开辟了反对美蒋反动统治的第三条战线，即海外华侨保卫祖国民主和平运动的战线。

1949年，陈嘉庚应中共中央主席毛泽东的邀请，回国出席了中国人民政治协商会议第一届会议。中央人民政府成立后，委任他为中国华侨委员会主任。从此，他毅然放弃了优裕的物质生活，回国定居，直到1961年因病逝世。

□故事感悟

陈嘉庚具有卓越的远见和非凡的魄力，不论是创建实业，还是兴办教育；不论是组织南洋华侨为国赴难，还是投身于人民解放事业，都充分发挥了他的才能。他"轻金钱，重义务，诚信果毅，嫉恶好善，爱乡爱国"；他倾资兴学花费的钱财价值大约相当于现在的1亿美元。他办学的目的就是爱国救国，为此他表现出了百折不回的顽强毅力，不愧为中华民族杰出的儿子、爱国华侨的楷模。陈嘉庚继承和发扬了中华民族的爱国主义传统，他的贡献永远留在祖国的大地上。陈嘉庚的一生是爱国的一生，他的名字将与那些曾为中华民族解放事业作出不朽贡献的先驱们一起永垂青史。

陈嘉庚投身政治和文化事业

陈嘉庚虽身处南洋，但一直心系中国，积极支持中国国内的革命活动。他在结识了孙中山之后，于1910年加入同盟会，并积极支持孙中山的革命活动。辛亥革命后，陈嘉庚担任福建"保安会"会长，筹款支援福建，稳定了当地局势。

陈嘉庚对于文化事业也是积极支持，曾支援范长江、夏衍等人主办的"国际新闻社"和《华商报》等，还汇款支持邹韬奋复办《大众生活》周刊。

1928年，济南惨案发生后，南洋华侨掀起了声势浩大的声援运动，陈嘉庚担任"山东惨祸筹赈会"主席，积极筹款救济难民，还发起抵制日货的运动。

《南侨回忆录》

《南侨回忆录》是陈嘉庚先生于1943年至1945年在印尼避难期间所写的回忆录。陈嘉庚先生当时在没有任何资料可供参考的情况下，凭着惊人的记忆力，详尽地描述了自己40多年的人生经历，记录了南洋华侨为襄助祖国抗战而作出的贡献，并陈述了自己为发展教育和社会进步所进行的种种艰苦奋斗。《南侨回忆录》所记叙的事实正是对陈嘉庚先生"我毕生以诚信勤俭办教育，为社会服务"的信念的历史印证。

中国伟人孙中山

孙中山（1866—1925），名文，字载之，号日新，生于广东省中山市翠亨村。他是近代民主革命家，中国国民党创始人，三民主义的倡导者。他首举彻底反封建的旗帜，"起共和而终帝制"。1905年，孙中山成立中国同盟会。1911年，辛亥革命后被推举为中华民国临时大总统。1940年，国民政府通令全国，尊称孙中山为"中华民国国父"。1929年6月1日，根据其生前遗愿，将陵墓永久迁葬于南京紫金山中山陵。

孙中山早年曾入私塾读书。1878年，12岁的孙中山随母到美国檀香山，就读于英美办的教会学校，开始接受西方资本主义教育，开始形成"自由、平等、民族"思想的雏形，产生了改造祖国的强烈愿望。1883年，孙中山回国后，入香港拔萃书院、皇仁书院学习；1886年，入广州博济医院附属南华医学院学医；1887年1月，转入香港西医书院。1892年毕业后，行医于澳门、广州。这时，他已明确认识到中国需要改革，就积极宣传社会改革的进步思想。1894年，孙中山北上天津，上书李鸿章，提出了"人尽其才，地尽其利，物尽其用，货畅其流"的革新政治主张，但被拒绝了。上书的失败以及甲午海战的爆发，使他更清醒地认识到清政府的无能和腐败，"和平方法，无可复疑"，只有革命才能救中国于危机之中。同年11月，他在檀香山创立了中国早期的资产阶级革命团体——兴中会，以"驱除鞑虏，恢复中华，创立合众政府"为宗旨，宣传和实践救国的主张。1895年2月，孙中山在香港设立兴中会总机关，不久即准备在广州发动起义，10月因事败逃亡日本。此后，孙中山奔波于欧美、东南亚各地，积极宣传革命，发展组织和考察资本主义，先后在横滨、河内、旧金山等地建立兴中会分会。1899年11月，他被推举为兴中会总会长。1900年10月，孙中山派人在惠州三洲田发动起义，起义失败后，继续在国外开展革命活动。1905年，他领导兴中会联合华兴会、光复会等组织成立了中国同盟会，被推举为总理。同盟会提出"驱逐鞑虏，恢复中华，创立民国，平均地权"的资产阶级民主革命政纲。随后，同盟会在国内外陆续设立分支机构，并创办机关报——《民报》。在发刊词中，孙中山第一次正式提出了"民族、民权、民生"的三民主义学说。1907年至1911年间，他继续进行革命组织活动，并在联络华侨、会党和新军的基础上，又先后在两广、云南等地组织8次反清武装起义，为推翻清政府的封建统治进行了不屈不挠的英勇斗争。

1911年武昌起义后，孙中山被响应革命的十七省代表推选为中华民国临时大总统。1912年1月1日，在南京建立"中华民国"，并组成临时参议院，制定了具有资产阶级共和国宪法性质的《中华民国临时约法》。4月，由于革命党人与袁世凯妥协，孙中山被迫辞去大总统职务，由袁世凯取而代之。之后，袁世凯恢复帝制不得人心，1913年7月，孙中山领导发动了讨袁的"二次革命"，但因同盟会涣散无力，意见分歧而告失败。此后孙中山东渡日本，决定重整革命阵容。

1914年7月，在日本建立中华革命党，孙中山被推举为总理。次年12月，发表《讨袁宣言》，领导中华革命党在各地组织暴动，部署起义。1917年8月，孙中山在广州主持召开国会非常会议，组织护法军政府，举起护法旗帜，在大家的拥戴下，以中华民国军政府海陆军大元帅的名义，率军与北洋军阀对抗。1918年，受桂系军阀排挤、要挟，孙中山再一次被迫辞职。

就在孙中山为国家前途命运忧心如焚的时候，俄国十月革命的胜利给他带来了新的希望和信心，他真诚地欢迎十月革命。1918年10月，孙中山将中华革命党改组为中国国民党，以"巩固共和，实行三民主义"为政纲。1920年，乘直皖战争之机，他命陈炯明驱逐在粤的桂系军阀，重返广州。第二年，组成中华民国政府，孙中山就任非常大总统，准备北伐。1922年6月，在陈炯明叛乱后退居上海，屡经失败的孙中山陷入苦闷之中。在共产国际和中国共产党的帮助下，孙中山下决心改组国民党。

1922年9月，他邀请中国共产党人和进步人士共同起草国民党改组计划，次年1月与苏俄驻华全权代表越飞发表联合宣言，公开确立联俄联共政策，并返回广州重建大元帅府。在1924年元月召开的中国国民党第一次全国代表大会上，孙中山接受了中国共产党提出的反对帝国主义和封建主义的政治主张，确定了"联俄、联共、扶助农工"的三大政策，将旧三民主义发展为新三民主义，抛开党派不同的桎梏，实现了第一次国共合作，展现了孙中山先生"天下为公"的胸襟。同年11月，他应邀北上讨论国事，并发表《北上宣言》，重申反对帝国主义和军阀的主张，提出废除不平等条约，要求召开国民会议，继续和帝国主义及段祺瑞、张作霖等北洋军阀作斗争。

1925年3月，壮志未酬的孙中山在北京病逝。他在《国事遗嘱》中强调："现在革命尚未成功，凡我同志，务须依照余所著《建国方略》《建国大纲》《三民主义》及《第一次全国代表大会宣言》，继续努力，以求贯彻。"

■故事感悟

一颗巨星陨落了，但孙中山先生为祖国的独立和自由奋斗终身的丰功伟绩光耀千古，永远为中华民族子孙所景仰。今天，我们可以告慰孙中山先生的是，当年他救中国的夙愿终于在以毛泽东为代表的中国共产党人的手中实现了。

■史海撷英

孙中山临时组阁

自1907年起，受到清朝政府全力追缉的影响，孙中山长期居留欧美各国。初闻革命成功时，孙中山还有些诧异，但随即在海外华人与美国的同情者间筹集资金。1911年12月20日，孙中山赶赴上海，并于28日被推选为中华民国临时大总统。1912年1月1日（辛亥十一月十三日），在南京宣誓就职，并循革命军与袁世凯的秘密协议，特申"颠覆满洲专制政府，巩固中华民国，图谋民生幸福……至专制政府既倒，民国卓立于世界，即当解临时大总统之职"，月底临时参议院组成。

当时，虽然大部分省份已脱离清政府的控制，但主要的军事凭借是各地的团练与新军，或是混入部分华侨以及洪门与旗下哥老会的成员。孙中山领导的临时政府实力有限，无论在装备还是在士兵素质上，皆无法与清朝主力——北洋军抗衡。此外，由于他并未实际投入革命战事，故各省的革命势力纷纷推出自己的领导，使革命势力呈现出"多头马车"的情形。

革命军被北洋军接连击败后，孙中山决定与北洋军的统帅袁世凯和谈，希望通过给予袁临时大总统的职位，让袁世凯成为清朝垮台的最后关键。最后与袁世凯达成协议：临时大总统由袁接任，袁世凯则以实际行动迫使清朝皇帝退位。

1912年（民国元年）2月12日，清末代皇帝溥仪发布《退位诏书》，13日孙中山即向参议院请辞，并举荐袁世凯代任。此后又苦心孤诣，协助袁世凯依民主程序选任、就职、组织内阁，尤其重视向国民宣誓一事。为了引导袁世凯步入民主进程，4月1日，孙中山亲自去参议院，宣布正式解除临时大总统一职。

李大钊一生献身革命

　　李大钊（1889—1927），河北省乐亭县人，中国最早的马克思主义者、无产阶级革命家，中国共产党的创始人之一。李大钊不仅是中国共产党早期卓越的领导人，而且是学识渊博、勇于开拓的著名学者，在中国共产主义运动和民族解放事业中享有崇高的声誉。

　　李大钊少年时期，中国正处在半殖民地半封建时代。当时的中国濒临被帝国主义瓜分的危机，国家存亡、民族存亡的问题显得特别突出。李大钊幼年时就听闻鸦片战争的痛心历史，幼小的心灵深深地埋下了仇恨帝国主义的种子，并立下了报国之志。

　　在读中学时，李大钊常常和要好的同学一起讨论国家大事，读康有为、梁启超等宣传维新思想的著作，探索救国救民的道理。为了寻求救国良策，1907年夏天，李大钊考入天津北洋法政专门学校。在校6年期间，他广泛接触了各种新思想，对复杂的社会现实有了深刻的了解，立下了"矢志努力从事民族解放事业"的雄心壮志，为毕生从事无产阶级革命事业奠定了坚定的基础。

　　1913年上半年，李大钊从天津北洋法政专门学校结业。结业前的

寒暑假，他到了北京。在那里，他看到的和接触到的是政客们之间的互相倾轧，军阀与外国侵略者的互相勾结。他非常气愤，在一个刊物上发表了《大哀篇》，哀叹祖国的命运：共和自是共和，人民又得到什么幸福呢？

1913年冬，李大钊留学日本，考入东京早稻田大学政治本科。在日本学习期间，李大钊去军事陈列馆参观，只见大厅里陈列着甲午战争以及八国联军侵华战争中日本夺取的"战利品"。他痛心疾首，含悲忍泪，发誓决不能眼看着祖国衰亡下去，他要担当起振兴中华民族的大任。他发愤读书，课内外广泛阅读日文和其他外文书籍，也到社会上做过一些调查。在留学生中间，他和不少在辛亥革命中反对袁世凯残暴统治的青年密切交往。他研究在出国前就已听说过的社会主义，找到了英译本和日译本的《共产党宣言》，还有日本共产主义者对《资本论》的通俗解说。通过理论学习和课外参加的实际活动，他的思想发生着急剧的变化，青年李大钊在政治上迅速地成长起来。在日本的樱花树下、富士山旁，李大钊正孕育着他的革命理想——再造新的中华！

1916年李大钊回国后，先后担任北京《晨钟报》总编辑和《新青年》编辑、北京大学经济学教授兼图书馆主任。十月革命后，李大钊接受和宣传马克思主义，发表了《庶民的胜利》《布尔什维克的胜利》等文章，热情讴歌十月革命和马克思列宁主义。

1920年1月，李大钊与陈独秀在乐亭县会面，畅谈如何使这贫穷落后的旧中国走上共产主义的光明大道。1920年3月，共产国际派远东局局长维金斯基来到北京。他见到了李大钊，李大钊很高兴，和维金斯基等人畅谈了一番。而后，李大钊召开了多次座谈会，请北京各方面的人士与苏联友人见面，交流工作情况。5月，在李大钊的主持下，成立了北京共产主义小组。李大钊在工人、知识分子中不断地开展工作，宣传马克思主义。

1921年7月，北京共产主义小组和上海、湖南等地的共产主义小组的代表在上海参加了中国共产党的第一次代表大会。至此，伟大的中国共产党诞生了！李大钊为创建中国共产党日夜奔走操劳，贡献卓著，他是党的创始人之一。

1924年5月，李大钊率中共代表团赴莫斯科出席共产国际第五次代表大会。在十月革命的故乡，他满怀热情地写文章、作报告，宣传中国人民的革命斗争，欢呼苏联人民的胜利。回国后，他在北京发动了召开国民会议运动，组织30万人民参加追悼孙中山先生的活动。五卅运动爆发后，李大钊又领导了规模空前的三次示威游行，支持上海人民的斗争。革命斗争的蓬勃发展吓坏了反动派，1927年，奉系军阀张作霖进关后，得知李大钊还在北京，就下令逮捕他。1927年4月6日上午，张作霖派出宪兵、警察数百名，悍然违反国际惯例，闯进东交民巷苏联驻华使馆所属的一个废弃兵营，以"宣传赤化"的罪名拘捕了李大钊。李大钊临危不惧，镇定自若。当时，北京《晨报》在报道他被捕的消息中写道："李被捕时，着灰布棉袍，青布马褂，俨然一共产党领袖之气概。"在狱中，敌人严刑逼供，甚至用竹签钉进他的手指甲缝，钻心的剧痛使他几度昏迷。

李大钊在身陷囹圄的情况下，仍不断宣传党的主张，宣传革命道理，使狱中难友大为感动，甚至连看守的士兵都十分同情他，愿意替他传递消息。李大钊在狱中奋笔疾书，写下《狱中自述》表明自己的心迹："钊自束发受书，即矢志于民族解放之事业，实践其所信，励行其所知，为功为罪，所不暇计。"

李大钊被捕的消息震惊全国，无数人为之奔走呼吁。广大青年学生和教师强烈要求军阀政府释放这位"有气节的学者"。北京9个国立大

学校长开会，讨论营救办法，派出北大校长余文灿、师大校长张贻惠，代表九校师生向军阀政府提出释放李大钊的要求。北京铁路工人还组织了劫狱队，决心不惜一切代价营救李大钊出狱。李大钊得知这些消息，十分感动，但他坚决反对劫狱。他通过秘密渠道告诉同志们，在敌人严密的警戒下，劫狱是一种不会成功的冒险行动；党组织当前的任务，应是保存革命力量，以便今后的发展；自己被捕已经是党的损失，不能再让同志们继续冒险，造成更大的牺牲。面对死神的威胁，李大钊想的是党和人民，唯独不想自己！

1927年4月28日，反动军阀在帝国主义和蒋介石的支持下，决计秘密杀害李大钊。敌人把李大钊等20位革命同志带到秘密的"特别法庭"，突然宣布他们的死刑。李大钊临刑时毫无惧色，第一个走向绞刑架，从容就义，时年38岁。

■故事感悟

李大钊的一生是战斗的一生、光辉的一生，他以自己坚强的意志担负起了中国革命神圣无比的道义，直到生命的最后一刻。他以高贵的品质、高尚的人格影响着后来人，并永远活在人们的心中。

■史海撷英

李大钊故居

李大钊故居始建于清光绪七年（1881年），是由李大钊的大祖父李茹珍建造的。李大钊故居坐北朝南，呈长方形，南北长55.5米，东西宽18.2米，占地面积为1010.1平方米。高阶台，黑大车门，分为三进的宅院，是一座典型的冀东农村庄户的格局。大门和二门之间为前院，有东厢房三间，那曾是李大钊的伯父李任元教私塾的学馆。进二门为中院。1889年10月29日（清光绪十五年十月初六），李大钊同志就出生于此院的东厢房北屋。中院北面是六间相连的正房，东面三间是李大钊同志长期居住的屋子。过正房后门是后宅，后宅的东院有两间东厢房和两间敞面棚子。厢房是李大钊家中过去盛粮食的房子，大钊童年时为了安静，时常在此屋读书、写字、做文章，因此，也称为李大钊童年时期的书房。棚子是当年家中放农具和备杂物用的。故居纪念馆的西半院，从南至北，原来是李大钊三祖父李茹璧的房产，现也进行了复原陈列，并展出有《李大钊人格风范》展览。

李大钊故居是李大钊同志诞生和幼年成长的地方，在这里，李大钊接受了严格的家教，对他以后思想和性格的形成产生了很大影响。

■ 文苑拾萃

《李大钊传》

《李大钊传》主要阐述了李大钊在1918年进入北京大学以前的人生历程。其中，重点阐述了他在清末立宪运动、辛亥革命、"二次革命"、反袁护国、反段护法等重大历史事件中的表现与重要作用，深入剖析了他与当时的主要政治集团、主要社会思潮及其主要代表人物之间的复杂关系，突出论述了他的新爱国主义主线与探寻"救国政理"的主要思想成果，如民彝思想、青春思想、民主法治思想、调和思想等，从而使本著作具有深广的社会历史内涵与思想文化分量。这不仅是一部李大钊个人的传记，在一定程度上也是一部独特的中国近代思想史与政治史。

黄继光挺身堵枪眼

黄继光（1931—1952），原名黄积广，生于四川省中江县。他是中国人民志愿军的一名士兵，1952年10月19日在朝鲜上甘岭地区597.9高地壮烈牺牲。

在抗美援朝保家卫国战争中，中国人民志愿军发扬了高度的爱国主义和国际主义精神，浴血奋战，英勇斗争，涌现出许许多多可歌可泣的英雄人物，特级战斗英雄黄继光就是其中的一个。

黄继光出生于四川省中江县的一个农民家庭，早年家庭贫寒的他四处做雇工。1949年11月，中国人民解放军挥戈南下，解放了四川，从此，黄继光翻身做了主人。不久，他参加了农民协会，接着又加入农民自卫武装队，扛起了红缨枪。他积极投身于减租减息的火热斗争中，自觉地经受革命的锻炼和考验。

1951年3月12日，黄继光响应毛泽东主席发出的"抗美援朝，保家卫国"的号召，参加了中国人民志愿军。7月1日，黄继光随同部队雄赳赳气昂昂地跨过了鸭绿江。

在朝鲜国土上，黄继光看到的是一片荒凉、凄惨的景象。这一切使他心里充满了仇恨和烈火，恨不得飞到前方，去消灭那些侵略者。

1952年10月14日凌晨4时30分，美军为了夺取五圣山，控制平康一带平原，扭转整个朝鲜战局，向我上甘岭"597.9"和"537.7"高地发动了疯狂的进攻。在这两个不到4平方公里的狭小高地上，敌人一天发射了30万发炮弹，用飞机投掷了500多枚重型炸弹，还向我阵地冲击了几十次。英雄的志愿军战士们，像钢铁巨人一样坚守着每一寸土地，一次次把敌人打得落花流水，惨败而退。初冬的上甘岭前线，整天天昏地暗，浓烟滚滚，岩石炸成了黑粉，山头都快削平了。阵地上，到处是火，到处是烟，到处是横飞的钢铁碎片……

"天亮以前一定要把零号阵地拿下来！"参谋长下了命令。

东方的天际，升起了一颗亮晶晶的启明星。

敌人火力点的机枪还在一个劲儿地疯狂扫射。

时间一点也不能拖延了。

黄继光明白，天亮以前不拿下零号阵地，就是没有按照战斗计划完成任务，就会影响整个反击战的胜利，我们的部队就会受到更大的损失。

"参谋长，把任务交给我吧！只要我有一口气，就保证完成任务。"黄继光坚定地说。

"请首长允许我们和黄继光一道去完成任务！"连通讯员吴三羊和肖登良也提出了要求。他们的请求得到了营、连首长的批准。

黄继光从内衣的口袋里掏出入党申请书和妈妈叫他杀敌立功的来信后，就将它们交给营参谋长，转身同肖登良、吴三羊跃出交通沟，向敌人的阵地冲过去。

三个勇士冒着令人窒息的浓烟、纷飞的钢铁碎片和呼啸的子弹，滚动着敌尸作掩护，终于越过了那条敌人集中封锁的山梁。

紫红色的烟雾中，黄继光迅速前进。突然，一道刺眼的探照灯光从

大火力点扫过来，照在他身上。立刻，几条火舌交织在一起向他射来。黄继光紧贴在地上，一动不动。敌人的探照灯刚熄灭，黄继光又继续前进，指导员这才松了口气。

近了，近了，离敌人的大火力点只有十多米了，黄继光突然跃起身子，高高举起右手，把最后一颗手雷投向敌人的火力点，紧接着便响起了震天动地的爆炸声。

黄继光从烟雾弥漫中醒过来，看到敌人火力点的机枪仍然在喷着火舌，战友们被道道火舌压着不能前进。他摸摸身上，手雷已经投完。他咬紧牙，凭着最后一口气，又顽强地一步一步爬近敌人的火力点。

突然，黄继光跃身而起，挺起宽阔的胸膛，张开双臂，向敌人猛扑过去，用胸膛堵住了敌人喷着火舌的枪口……

敌人正在疯狂吼叫的机枪突然哑了。战友们立刻冲了上去，黄继光用他年仅22岁的年轻生命为胜利开辟了通道，谱写了一曲革命英雄主义的赞歌。

■故事感悟

黄继光为了朝鲜人民的解放，挺身而出，用自己的胸膛堵住了敌人罪恶的枪口。这种奋不顾身、一心为了革命事业的好战士，永远值得我们歌颂和赞扬。

■史海撷英

上甘岭战役

上甘岭是朝鲜中部金化郡五圣山南麓一个只有十余户人家的小村庄，以1952年10月14日的一场激烈争夺战而名扬天下。中国人民志愿军所取得的辉煌胜利，也使上甘岭成为一座丰碑！

上甘岭战役，交战双方先后动用兵力达10万余人，反复争夺43天，作战规模由战斗发展成为战役，其激烈程度是战争史上罕见的。"联合国军"炮兵和航空兵对两山头共发射炮弹190余万发，投炸弹5000余枚，把总面积不足4平方公里的两高地的土石炸松1~2米。志愿军防守部队贯彻"坚守防御、寸土必争"的作战方针，依托坑道工事，坚决抗击"联合国军"的进攻。整个战役经历了三个阶段：第一阶段，争夺表面阵地；第二阶段，坚持坑道斗争；第三阶段，实施决定性反击。

■文苑拾萃

黄继光纪念馆楹联

是最可爱的人抗美援朝奋不顾身成伟业
纪极非常之事报功崇德显而触目树丰碑

——董必武

军民楷模功垂千秋
英雄烈绩凯歌百代

——德阳市政府

百姓榜样张秉贵

张秉贵（1918—1987），优秀的共产党员，全国著名劳动模范。他在平凡的售货员岗位上练就了令人称奇的"一抓准""一口清"技艺，以"一团火"的服务精神，成为新中国商业战线中的一面旗帜，多次被授予优秀共产党员的称号，曾当选党的十一大代表，第五、第六届全国人大代表和常委会委员。

在北京王府井百货大楼前有一尊铜像，在铜像黑色花岗岩底座上，镌刻着陈云同志题写的几个大字："'一团火'精神光耀神州"。这尊铜像上的人物就是全国著名劳动模范、优秀共产党员、原百货大楼售货员张秉贵同志。

张秉贵常说："售货员要用一团火来温暖顾客，使他们不仅在商店里感到热乎乎的，回家后热乎乎的，走上工作岗位还要热乎乎的，这才算我们对革命事业的一点贡献。"为了顾客，他不知花费了多少心血。公休日，他到糖果厂去参观访问，了解糖果的制作过程；下班后，他到医院向医生学习各种糖果的营养知识。卖糖果时，他虚心向爱吃糖的顾客了解各种人吃糖的习惯和各种糖果的味道。经过刻苦钻研，张秉贵积累的商品知识十分丰富，为顾客服务也有了更多的主动权。遇到患肝炎病的顾客，张秉贵就介绍糖分多、对肝病有好处的水果糖；遇到患气管炎的顾客，他就介绍冰糖；对消化不良的顾客，他又请顾客买柠檬糖和橘子糖。售货中，他严格做到顾客买与不买一个样，买多买少一个样，生人熟人一个样，大人小孩一个样。人们用"主动、热情、耐心、周到"这些词来赞扬张秉贵的服务态度。

张秉贵一生站了50年柜台，每分钟都是全力以赴。他在柜台里，眼、耳、口、手、脑五部"机器"同时开动，及时发现需要照顾的老弱病残顾客，随时倾听顾客的要求和建议，不断解答顾客的询问，还要不停地拿糖、过秤、包包儿、打捆儿，同时用心算代替算盘。在柜台里，他三步并作两步走不知累，可下班后上楼还要扶着墙。每天晚上他都要像"过电影"那样把自己比作顾客，回想一天的工作，哪些做得好，哪些做得不够，怎样去改进。

张秉贵向顾客献上的是火一般的热情，顾客对他也热情如火。张秉贵台前的顾客几乎都是他的朋友，每天都有人来看望他。当他卖货累得满头大汗时，会有顾客按住秤盘让他歇一会儿。一次张秉贵应邀去重庆作报告，介绍自己站柜台的经验，会后大家一致要求张秉贵作一次卖糖"一抓准"的示范表演。当时他已65岁高龄，而且已经不经常站柜台了，又是在陌生的环境和场地，抓的还是与北京不同规格的糖块和种类。能不能"一抓准"？大家都为他捏把汗。张秉贵明知有困难，但为了鼓励青年售货员练基本功，还是愉快地答应了。售货技术表演在礼堂举行，会场挤得满满的，气氛紧张而且热烈。张师傅动手抓糖，重庆方面派人协助看秤。五两、四两、三两、二两，每次都是一抓正准，助手高声报道："正好！"会场响起了阵阵掌声。

最后一次是抓一两，助手没有立即报结果。原来这次不太准，助手

怕丢了老模范的"面子",想悄悄移动一下秤,张秉贵赶忙制止了他,并沉着地说:"请拿下一块糖。"助手照办了,一看秤,用激动的声音报道:"现在正好!"台下响起一阵热烈的掌声。张秉贵等掌声安静下来才说:"准,不是绝对的;如果绝对准,就不用秤了。"接着他又谦虚而诚恳地说:"我来表演也不是为了炫耀技巧,只是想说明熟能生巧,希望同志们苦练技术。不瞒大家说,我昨晚在宾馆练了不少遍呢!"老模范的这段话赢得了比技术表演更加热烈的掌声。

■故事感悟

作为一个平凡岗位上的劳动者,张秉贵用行动为我们讲述了平凡事业的不平凡。在任何岗位上,谁都可以作出不平凡的成绩,这才是人生奋斗的真谛。

■史海撷英

燕京第九景

张秉贵一进柜台,就像战士进入阵地。普通售货员一般早晨精神饱满,服务态度较好;下午人疲倦了,不太爱说话,也懒得动弹,对顾客就容易缺乏耐心。张秉贵却不然,从清晨开门接待第一个顾客,到晚上送走最后一个顾客,自始至终都能春风满面,笑容可掬。到了退休年龄,体力明显不济时,他一上柜台还是表现得精神抖擞。到了下班后,他却往往步履蹒跚。同事们说他是"上班三步并作一步走,下班一步变成三步迈"。

看张秉贵工作,也成了许多人的一种享受,有一位挂着拐杖的老人就经常来看他售货。这位老人对他说:"我是因病休息的人,每天来看看您站柜台的精神劲儿,为人民服务的热情劲儿,我的病也仿佛好了许多。"一位音乐家看他售货后说:"你的动作优美,富有节奏感,如果配上音乐,是非常动人的旋律。"

随着张秉贵名声的提高,来买他的东西的顾客也越来越多,人们以能从他手中买到糖果为荣。为了看他的表演,热情的顾客曾经将百货大楼的玻璃柜台挤碎。

在北京的大街上,张秉贵非常受人尊敬。他坐公共汽车有人让座,去洗澡时有人愿意给他搓背。这人说:"我也是您的顾客,今天就让我为您服务一次吧!"他病重住院期间,探望的人络绎不绝,有党和国家领导人,也有教授、专家,更多的是喜爱他的顾客。一位看过他售货的国际友人曾经感慨地说:"这种场面,在国外只有名声好的政治家和红得发紫的影视明星才能遇到,而中国的一名普通售货员能享此殊荣,真了不起!"

刘庭式重情不负盲女

刘庭式（生卒年不详），字得之，宋朝齐州人，举进士。

刘庭式从小爱学习，在当地小有名气。他未参加考试前和家人商量，与同乡一位农家女孩定了亲，但还未下聘礼。两人心意相通，已商量好了结婚及婚后如何过日子等事。

不久，刘庭式考试中选，双喜临门，自己和家人都非常高兴。但没想到，"天有不测风云"，刘庭式的这位未婚妻突然得了一场重病，家里又穷，无钱看病，结果落了个双目失明。姑娘家虽然穷，但很有志气，看到自己这种境况，也不好再向刘家提婚事。更有好事者，建议刘庭式另娶他人，或者"掉个包"，娶这户农家的小女儿（即刘庭式未婚妻的妹妹）。反正"肥水不流外人田"，"掉包"的事那姑娘本人、其妹妹及家人也都同意，甚至还主动去找刘家商量。可刘庭式笑着说："谢谢大家的好意，你们别忙活了。我的心已经给了她，她虽然瞎了，和原来不一样了，但更应该得到关心和同情。做人要讲道德和良心，我怎么能够违背自己的诺言，三心二意呢？并且，我还未上任为官，如果不守信用，今后还怎么做官？怎么为老百姓办事？"一席话，说得众人无言以对。

刘庭式最终迎娶了这位双目失明的农家女为妻，与她白头到老。刘庭式的美德也流传开来，广为颂扬，直到今天。

刘庭式重信义不负盲女的事迹在当时颇有影响，《宋史》中也有记载。同时代的理学家程颐、科学家沈括都为此写过文章。沈括在《梦溪笔谈·人事》中还记载了其他一些细节：婚后盲女都是由刘庭式领着走路，家庭"极雍睦"，有子数人。有一次，刘庭式犯了些过错，负责监察州县的官员本想赶走他，但因欣赏他的良好品德而宽恕了他。

■故事感悟

《诗经》里有一句著名的诗句叫"执子之手，与子偕老"，现代的很多年轻人很喜欢引用，特别是在新婚时，都对婚姻有着美好的愿望。但人们往往只领会了字面上甜蜜浪漫的意境，而没有去体悟这句话背后的深意：牵着你的手，与你一起慢慢老去，这可是一个漫长的生命过程啊！在漫长的岁月里，两个人会一起经历怎样的人生？荣华？富贵？贫病？战乱？离别？……在任何情况下都能做到执子之手、不离不弃吗？这还需要向刘庭式好好学习。

■史海撷英

苏轼与刘庭式的情谊

北宋著名文学家苏轼，于熙宁七年（1074年）由杭州通判（州郡长官的辅佐）改任密州（今山东诸城）太守。苏轼胞弟苏辙当时在齐州（今济南）任职，兄弟俩虽同在今山东境内，却难以相见，只好鸿雁传书。

苏辙在信中特地向哥哥介绍了正在密州任通判的刘庭式娶盲女为妻的事迹。

刘庭式，字得之，进士，《宋史》只说他是齐州人，而清末所编《山东通志》，则在"齐州"之后用括号注上了"历城县"的字样，这说明刘庭式是齐州历城县人；明末历城县志《历乘》、清朝乾隆时期的《历城县志》，都注明他是历城县人，并为之立传。

在兄弟间的书信往来中，苏辙不惜笔墨介绍了刘庭式的上述情况，这固然与刘庭式在苏轼府中任职有关，但也可以看出苏辙对刘庭式品格的敬重。而苏轼又何尝不敬佩刘庭式的品格呢？他在《书刘庭式事》一文中，除了转引苏辙信上述内容之外，还写了盲女及刘庭式后来的一些情况："盲女死于密，庭式丧之，逾年而哀不衰，不肯复娶。"接着，文章通过问答的形式写了刘庭式对盲妻的真挚感情。

有一次，苏轼问刘庭式："哀生于爱，爱生于色，你娶盲女，与之偕老，这是一种义。那么，你对她的爱，由何而生？她死后你的哀痛又来自哪里？"

刘庭式回答说："我只知道我死了妻子，她有目是我的妻子，无目也是我的妻子。如果像你说的因色而生爱，因爱而生哀的话，色衰了爱就减少了，哀也就淡薄了，那么，凡是貌美而且能挑逗人心的女子，岂不都可以做妻子吗？"苏轼听了刘庭式的一番反驳，深为其对盲妻的真情所感动。

苏轼与刘庭式在密州共事几年，建立了深厚的感情。当时，密州连年饥荒，身为太守的苏轼也是"斋厨索然，不堪其忧"。他在《后杞菊赋》中说，他同刘庭式几乎每天都一起沿着古城废圃寻找野菜充饥，一旦有所发现，两人便"扪腹而笑"。可见，他们是甘苦与共的知心朋友。

苏轼离开密州8年之后，有人告诉他在庐山见到了刘庭式（时任监太平观之职），说此人依然健壮，"面目奕奕有紫光，步上下峻坂，往复六十里如飞"。苏轼闻之甚喜，并把这个消息写信告诉了仍在密州的友人赵杲卿，因为赵也是刘庭式的朋友。

有记载说，刘庭式隐居庐山多年，以高寿终。

《东坡全集》

《东坡全集》共115卷，宋苏轼撰。苏轼有《易传》，已著录。苏辙作轼《墓志》，称轼所著有《东坡集》40卷、《后集》20卷、《奏议》15卷、《内制》10卷、《外制》3卷、《和陶诗》4卷。

苏轼学识渊博，多才多艺，在书法、绘画、诗词、散文各方面都有很高造诣。他与蔡襄、黄庭坚、米芾合称"宋代书法四大家"。苏轼善画竹木怪石，其画论、书论也都有卓见。苏轼是北宋继欧阳修之后的文坛领袖，散文与欧阳修齐名；诗歌与黄庭坚齐名；他的词气势磅礴，风格豪放，一改词的婉约，与南宋辛弃疾并称"苏辛"，共为豪放派词人。

嘉祐二年（1057年），苏轼考取进士，之后任福昌县主簿、大理评事、签书凤翔府节度判官，召直史馆。苏轼于神宗元丰二年（1079年）知湖州时，以讪谤系御史台狱，三年贬黄州团练副使，筑室于东坡，自号东坡居士。哲宗元祐元年（1086年）苏轼还朝，为中书舍人、翰林学士，知制诰。九年，又被劾奏讥斥先朝，远贬惠州、儋州。元符三年（1100年），苏轼始被召北归，卒于常州。

苏轼一生著作甚丰，他的著作集子情况比较复杂。早在苏轼生前就有《东坡集》40卷、《后集》20卷、《内制集》10卷、《外制集》3卷、《奏议》15卷、《和陶集》4卷6种集子刊行，其中《东坡集》是作者亲自编定，这些集子在宋徽宗崇宁二年下诏禁毁。另有《应诏集》10卷，在当时是否刊行，不得而知。至宣和五年，人们以为崇宁时的禁书令已经时过境迁，不再生效了，于是福建重新印行苏轼的著作集，宋徽宗再次下诏禁

毁。这次刊行的集子略有不同，是将苏轼的著作全部汇总、分类，取消《东坡集》《后集》等名称，而将这些集子中的同类作品编在一起。属于这个系统的苏轼著作集子有《东坡大全集》《东坡备成集》等，所收作品比上述6种集子再加《应诏集》的总和还多，但也有伪作羼入。至于宣和五年刊行而被禁的到底是《大全集》或是《备成集》，现无从查考。《备成集》今已亡佚。

"万里长城" 徐达

　　徐达（1332—1385），字天德，汉族，濠州钟离（今安徽凤阳东北）人，明朝开国军事统帅。

　　徐达出身农家，少有大志。元至正十三年（1353年），徐达参加农民起义军郭子兴部，隶朱元璋，跟随朱元璋取滁州（今属安徽）、和州（今和县）等地，智勇兼备，战功卓著，位于诸将之上。

　　十五年，从朱元璋渡长江，克采石，下太平（今当涂），俘元万户纳哈出。继率军克溧阳、溧水（今均属江苏）。次年，从朱元璋克集庆（今南京），继奉命以大将军领兵取镇江，号令明肃，授淮兴翼统军元帅。

　　十七年，率军克常州，分兵取常熟、江阴等地，阻止江浙政权首领张士诚军西进。次年，留守应天（今南京），升奉国上将军、同知枢密院事。

　　二十年五月，长江中游汉政权首领陈友谅兵攻池州（今安徽贵池），徐达与中翼大元帅常遇春在九华山下设伏，俘斩陈军万余。又从朱元璋设伏应天城下，大败陈友谅军，俘7000余人。

二十一年，从朱元璋取江州（今江西九江），率师先行，迫陈友谅退兵武昌，并追至汉阳，同年升中书右丞。

二十三年，从朱元璋援安丰（今安徽寿县），败张士诚部将吕珍，移师围庐州（今合肥），旋从朱元璋援洪都（今南昌）。在鄱阳湖之战中，徐达冲锋陷阵，败陈友谅军前锋，杀1500人，士气大振。

二十四年，任左相国。复引兵克庐州，继挥师克江陵（今属湖北荆沙）、辰州（今湖南沅陵）等地，平定陈友谅余部。

二十五年，率师东向，遵朱元璋先克淮东、再占浙西、后破平江（今江苏苏州）之方略，进攻张士诚，克泰州。次年克高邮、淮安、兴化（今均属江苏）等地，悉平淮东。同年八月，以大将军率舟师20万，由太湖进围湖州（今属浙江），数败张士诚军，迫守将李伯升、张天骐以城降。十一月，转兵北上，合围平江，并申明军纪，禁掠民财。

二十七年九月，徐达率将士破城，俘张士诚。师还，封信国公。十月，奉命以征虏大将军与副将军常遇春率师25万，北伐元军，连战皆捷，迫元济南守将朵儿只降，占领山东全境。

明洪武元年（1368年）三月，进军河南，以计收降元将左君弼、竹昌，取汴梁（今河南开封）。继在塔儿湾（今偃师境）大败元兵5万，迫元梁王阿鲁温以城降，河南平。旋分兵克潼关，西取华州（今陕西华县）。五月，趁朱元璋抵汴梁督战，奏请乘势直捣元都。闰七月，移师北上，连克卫辉（今属河南）、磁州（今河北磁县），会诸军于临清（今属山东），沿运河北进，大败元军于河西务（今天津武清西北），进破通州（今北京通州区），迫元顺帝北走。八月初二，督军克大都（今北京），推翻元朝。乘胜克真定（今河北正定）、怀庆（今山西沁阳）等地。时闻元将扩廓帖木儿自太原引兵出雁门将攻北平（今北京），遂与诸将商议，运用批亢捣虚战术，乘其不备直捣太原，迫扩廓回军救援。旋选精兵夜袭其营，俘降4万人，克太原，占山西。

二年，挥师入陕西，迫元将李思齐降，斩元将张思道，陕西平。

三年，率师败扩廓于定西（今属甘肃），俘元王公、将领以下8.6万余人，因功授中书右丞相参军国事，改封魏国公。次年，镇守北平，练军马，修城池，总领北方军事。

五年，与左、右副将军李文忠、冯胜，各率5万骑兵分路出塞征北元。自率中路轻敌冒进，至岭北（治今蒙古国哈尔和林）遭北元军伏击，丧师万余（一说数万）。次年，复率诸将出征，败北元军于答剌海（今内蒙古达来诺尔湖）。后还军北平，戍守边防。

徐达一生刚毅武勇，持重有谋，纪律严明，屡统大军转战南北，功高不矜，被朱元璋誉为"万里长城"。

■故事感悟

徐达出身农家，但志向远大，跟随朱元璋出生入死，平定陈友谅，收降元军，一生有勇有谋，纪律严明而功高不矜，朱元璋称其为"万里长城"，实在是表彰他的功绩，让人们以他为榜样，为国家贡献自己的力量。徐达，确实可为帅才的代表。

■史海撷英

徐达与朱元璋的故事

徐达是朱元璋打天下的功臣之一。明太祖朱元璋一直对帮助自己打天下的诸多功臣抱有极其强烈的戒心。某日，朱元璋再次召见徐达下棋，而

且要求徐达拿出真本领来对弈，徐达只得硬着头皮与皇帝下棋。这盘棋从早晨一直下到中午都未分出胜负，正当朱元璋连吃徐达两子自鸣得意时，徐达却不再落子。

朱元璋得意地问道："将军为何迟疑不前？"

徐达则"扑通"一声跪倒在地，答道："请皇上细看全局。"

朱元璋仔细一看，才发现棋盘上的棋子已经被徐达摆成了"万岁"二字。朱元璋一高兴，便把下棋的楼连同莫愁湖花园一起赐给了徐达，那座楼便是后来的胜棋楼。

□文苑拾萃

徐达墓及其神道碑文

徐达墓位于南京太平门外板仓村，现为江苏省文物保护单位，属南京市文物局管理。

徐达墓坐北朝南，面对钟山，墓园规制宏伟。墓园入口处立"明中山王神道"牌坊，此牌坊系 1984 年南京市文物事业管理委员会按原来的形制复制的。神道长约 300 米，牌坊后为神道石刻，现尚存神道碑一块，石马、石羊、石虎、武士、文臣各一对。"御制中山王神道碑"是明代功臣墓中最大、最有代表性的一块。碑通高 8.95 米、宽 2.2 米、厚 0.70 米。该碑分为三部分：上为浮雕云龙文碑额，正中刻篆体"御制中山王神道碑"字；中为碑身，刻有朱元璋亲自撰写的碑文，共 28 行，2000 余字，记载了徐达一生的功绩，文中有标点符号，这在古碑中极为罕见；下为龟趺碑座。神道的终点是墓冢，为徐达夫妇合葬墓，下用块石垒砌，上为封土。墓冢前有其后人所立石碑，上刻"明魏国公追封中山王谥武宁、夫人谢氏之墓"。

在徐达墓的东西两侧，原为徐达家族墓葬。1965 年至 1983 年，为配合当时南京天文仪器厂基本建设，南京市博物馆先后对徐达家族墓进行了发掘清理，共清理墓葬11座，其中徐达第三子、长孙、五世孙墓出土有墓志。同时出土了大量珍贵随葬品，为研究明朝的文化提供了宝贵实物资料。

神道碑文（节选）

朕惟帝王之有天下，必有名世之臣秉忠贞，纷威武以辅佐成一代王业，是以生有显号，殁有赠典，子孙世有爵禄，与国同休于无穷焉。今开国辅运推诚宣力武臣、特进光禄大夫、左柱国、太傅、魏国公、参军国事徐达，以智勇之姿，负柱石之任。襄因元季之乱，挺身归朕。朕实资尔智略，寄尔心腹，以统百万之师。攻无不克，战无不胜。栉风沐雨，功爵苦辛。迨朕正位大宝，论功行赏，是用爵尔上公，赐以重禄，仍总戎于朔方，纤尘不掠。信乎，为我朝之元勋也。方期天赐遐龄，以享非常之报。孰知将星一殒，而尔躬逝矣。慨念今昔，朕岂能忘？虽然死生人道之常，今尔功在宗社，名垂竹帛，光照前人，赏延后世，可以无憾矣。追封之典，可不举乎？特追封中山王，谥武宁，赠三世皆王爵，妣皆封王夫人。

第二篇
开先河以创新

孔子创办私学

孔丘（公元前551—前479），字仲尼，春秋时期鲁国人，我国古代伟大的思想家和教育家，儒家学派创始人，世界最著名的文化名人之一。他编撰了我国第一部编年体史书《春秋》。据有关记载，孔子出生于鲁国陬邑昌平乡（今山东省曲阜市东南的南辛镇鲁源村）；孔子逝世时，享年73岁，葬于曲阜城北泗水的上游，即今日孔林所在地。孔子的言行和思想主要载于语录体散文集《论语》及先秦和秦汉保存下来的《史记》之中。

我国是一个历史悠久、文化源远流长的文明古国。教育作为人类传递文明的重要手段，在整个历史发展中起着重要的推动作用。

原始社会里尚无文字，但是，有巢氏教民"构木为巢，以避群害"，燧人氏教民"钻燧取火，以化腥臊"，以及神农氏教民稼穑务农，伏羲氏教民结网捕鱼等的传说，都生动地反映了那个时候人们的教育生活。

进入奴隶社会以后，学校兴起，教育事业开始发达起来。《礼记·学记》说："古之教者，家有塾，党有庠，术（遂）有序，国有学。"《孟子·滕文公上》也记述说，夏朝管教育的机构叫校，商叫序，而周叫

庠。名称可能有所不同，但是，政府都已经设有专门负责教育的学校是肯定的。

那时候的教育，就其性质来说是奴隶主贵族的教育，是为政治统治和社会生活服务的。就学之人，则为贵族子弟。就教育的形式讲，则是"学在官府"的官学教育。一切学校都隶属于政府，所有的教师也莫不是"官"，而且世代相承，垄断了文化。

这种"学在官府"的教育全由贵族官吏们垄断的局面，严重地阻碍了学术、教育思想的活跃，限制了受教育者的阶层、人数，并且不利于学术知识的广泛交流。当然，在这种情况下，私人的著述、学派便更是无从产生了。

到了春秋时期，我国的奴隶制度已经衰落，奴隶社会即将走到尽头。那时，铁器、牛耕出现了，原来的国有土地井田制开始瓦解。公元前594年，鲁国实行税亩制，按亩抽税，标志着私田被国家正式承认，随之，地主阶级也产生出来。经济基础的变革影响到了上层建筑，周天子不再能够控制诸侯，诸侯则常常面临被大夫篡位的危险，所谓礼乐征伐自天子出的老局面已被打破，开始出现了"自诸侯出"乃至"自大夫出"或"陪臣执国命"的情况。奴隶社会的分封制度已呈现出了土崩瓦解的衰象。

与这些情况相适应的是，文化上的"学在官府"局面再也难以维持下去，不是"天子失官，学在四夷"，就是"学校不修"，社会上则出现了一股学术下移的热潮。据史书记载，那时候，有郑国邓析办私学的事，他自编《竹刑》专门教人打官司"学讼"；有郑国伯丰子办的私学；还有鲁国少正卯办的私学。据说，少正卯还与孔子争夺学生，几乎搞垮孔子。但必须看到，那个时候影响最大、成就最显著的还是孔子的私学。

孔子在他大约30岁时开始创办私学，教授生徒，有时授业于曲阜城北的学舍，更多的则是在他出游时由弟子们相随，边周游列国，边传授文化。他的教学内容是所谓"六艺"（《诗》《书》《礼》《易》《乐》和《春秋》）；教学对象则远远不限于贵族子弟，而是扩展到了平民百姓，"有教无类"，"自行束脩（一捆干肉）以上，吾未尝无诲焉"。因此，孔子所教过的学生有3000人，而精通六艺的有72人，在当时可谓盛极一时。孔子和他的弟子们终于形成了一个一直被史家称做"显学"的儒家学派。

孔子顺应时势，厉行改革，创办私学，意义是十分重大的。他带了一个头，以后，私学便如雨后春笋般地出现在中国的大地上。到了战国时期，显赫一时、影响甚大的就有属于儒家学派的孟子私学、荀子私学，墨家学派的墨子私学，道家学派的稷下黄老私学和庄子私学，以及法家学派的私学，等等。于是，在我国历史上便呈现出了一个学术空前繁荣昌盛的"百家争鸣"时期。

■故事感悟

孔子顺应时势，创办私学，使我国历史上出现了百家争鸣的局面，而儒学思想也在我国根深蒂固。要知道，在当时的社会，有人敢于开创私学的先河是非常不容易的事情。

■史海撷英

古代掌管司法的官员

大司寇是西周时期的司寇。周天子是最高裁判者，中央设大司寇，负责实践法律法令，辅佐周天子行使司法权，大司寇下设小司寇，辅佐大司

寇审理具体案件。大、小司寇下设专门的司法属吏。此外，基层设有士师、乡士、遂士等官职负责处理具体司法事宜。大司寇负责建立和颁行治理天下的三法，以辅佐王惩罚（违法的）诸侯国，禁止四方各国（的叛逆）：一是惩罚（违法的）新建立之国用轻法，二是惩罚（违法的）旧国用中法，三是惩罚乱国用重法。用五种刑法纠察民众：一是针对野地之民的刑法，以鼓励务农而纠察是否勤劳；二是针对军队的刑法，以鼓励服从军令而纠察是否有离队的；三是针对六乡之民的刑法，以鼓励德行而纠察是否有不孝的；四是针对官府的刑法，以鼓励贤能而纠察是否失职；五是针对国都之民的刑法，以鼓励谨慎而纠察是否恭敬。

掌管全国司法和刑狱的大臣，明代为正二品，清代为从一品。

刑部尚书，中国古代官职，相当于今日的司法部长。刑部尚书的官职最早出现于隋，明清两代沿袭此制。

在清时，由于统治者是来自山海关外的满族人，为了维护满族的统治地位，清初各部主官均为满人。顺治五年（1648年），顺治皇帝在六部改设两位主官，满汉各一，刑部也由此首次迎来两位尚书，称"刑部满尚书"和"刑部汉尚书"。名义上，二者在行使职权时不分级别高低，完全平等，然而由于满人在整个社会处于统治地位，所以部内权力基本上掌握在满尚书手中。

清光绪三十二年（1906年），清政府宣布"仿行宪政"，改刑部为法部，刑部尚书之职正式从中国历史上消失。

■文苑拾萃

三十而立

子曰："吾十有五而志于学，三十而立，四十而不惑，五十而知天命，六十而耳顺，七十而从心所欲，不逾矩。"

汉武帝独尊儒术

汉武帝刘彻（公元前156—前87），汉族，生于长安，汉朝的第六位皇帝。汉武帝是汉景帝刘启的第十个儿子、汉文帝刘恒的孙子。其母王娡，在刘彻被册立太子后成为皇后。

西汉武帝刘彻，是汉高祖刘邦的曾孙，汉景帝的第十子。刘彻在位半个多世纪（公元前140—前87年），戡定边患，开拓疆域，大安天下，是一位叱咤风云的君主。汉武帝在位期间，"罢黜百家，独尊儒术"，不仅对当世起到了统一思想意识、加强中央集权的重大作用，也对后世产生了极其深远的影响。

汉初以来，在黄老无为政治思想的指导下，学术思想《六经》异传，百家并流。儒、墨、名、法、道、阴阳诸家之中，虽以黄老之道最为兴盛，但朝廷对其他各家也一视同仁，各立学官，黄老不独为尊。应该说，这种放任的态度，是适合汉初经济残破、统治者实行"与民休息"政策的形势的。但是，随着经济的恢复、发展和专制主义中央集权的加强，这种状况就不合时宜了。汉武帝即位后，好大喜功，欲建一番宏伟事业。他明白，欲成大事，须先统一官民的思想，这样才能上下一

心，无往不利。他怀着"任大而守重"的使命感，于建元元年（公元前
140年）十月诏举贤良方正100余人，到朝廷受策问。策问中，大名鼎
鼎的儒家代表董仲舒以深厚的儒学功力和渊博的知识，对汉武帝所下三
《制》，连上三《策》，即《天人三策》，一一回答了汉武帝的制题。董仲
舒圆满地以儒家经典为依据，论证了"君权神授"的"天人感应"之
说，为汉武帝描绘了天人合一、阴阳调和、君民洽乐的社会均衡图和统
治方策，并建议汉武帝以儒学实现学术思想上的大一统。汉武帝欣然接
受了董仲舒的论证和建议，开始全面推行思想意识中的改革，即"罢黜
百家，独尊儒术"。他授意丞相卫绾上奏："所举贤良，或治申（不害）、
商（鞅）、韩非、苏秦、张仪之言，乱国政，请皆罢。"汉武帝立即批准
了卫绾的建议。一种全新的儒家一统局面，代替了多家并立的学术思想
和政治思想风气。

但是，一项改革如果仅有条文制度上的变动是不够的，思想意识上
的改革尤其如此。为了切实除旧布新，还必须有具体的改革措施与之相
配合。在董仲舒的建议下，汉武帝在京师长安（今陕西西安）设立了专
攻儒术的太学。建元五年（公元前136年），又置《诗》《书》《礼》《易》
《春秋》五经博士。以五经博士为经师，"掌教弟子"。凡治儒家五经之外
的学者，一概丧失了担任学官的资格。儒家之外的百家被从学官中罢退。

元朔年间（公元前128年），汉武帝又进一步令丞相公孙弘完善五经
博士及太学制度，建立了完整的太学生入学、待遇、教授、选试、任官
等教学体系，教学内容进一步制度化。与此同时，郡国学校、学官也逐
渐设立，汉武帝"乃令天下郡国皆立学校官"。儒学弟子卒业后，多被
任命为各级官吏。于是，"自武帝立《五经》博士，开弟子员，设科射
策，劝以官禄，讫于元始，百有余年，传业者寝盛，支叶蕃滋，一经说
至百余万言，大师众至千余人"，治儒学已蔚然成风。

且不论汉武帝罢黜百家的得与失，仅仅看当时封建社会帝王的想法是天人合一、阴阳调和、君民同乐，完完全全与儒学思想一致。这也为后世我们的传统思想奠定了很好的基础。

巫蛊之祸

巫蛊之祸是汉武帝末年封建统治集团内部发生的一次重大政治事件。

汉代巫蛊术十分盛行。所谓巫蛊，就是人们制作木头人，在上面刻上仇家的姓名，然后再放到地下或者放在房子里，日夜诅咒。据说，这样诅咒下去，就可以让对方遭殃，自己得福。这种巫蛊术也传进了皇宫，那些怨恨皇帝、皇后和其他人的美人、宫女也纷纷埋藏木头人，偷偷地诅咒起来。

汉武帝对这一套说法也很迷信。有一天中午，他正躺在床上睡觉，忽然梦见几千个手持棍棒的木头人朝他打来，把他吓醒了。他以为有人在诅咒他，立即派江充去追查。

江充是一个心狠手辣的家伙，他找了不少心腹，到处挖掘木头人，并且还用烧红了的铁器钳人、烙人，强迫人们招供。不管是谁，只要被江充扣上"诅咒皇帝"的罪名，就不能活命。没过多久，他就诛杀了好几万人。

在这场惨案中，丞相公孙贺一家，还有阳石公主、诸邑公主等人都被汉武帝斩杀了。江充见汉武帝居然可以对自己的亲生女儿下毒手，就更加肆无忌惮地干起来。他让巫师对汉武帝说："皇宫里有人诅咒皇上，蛊气很重。若不把那些木头人挖出来，皇上的病就好不了。"

于是，汉武帝又委派江充带着一大批人到皇宫里来挖掘木头人。他们先从与汉武帝疏远的后宫开始，一直搜查到卫皇后和太子刘据的住处，屋里屋外都掘遍了，也没找到一块木头。

为了陷害太子刘据，江充趁别人不注意，把事先准备好的木头人拿出来，大肆宣扬说："在太子宫里挖掘出来的木头人最多，还发现了太子书写的帛书，上面写着诅咒皇上的话。我们应该马上奏明皇上，办他的死罪。"

刘据见江充故意陷害自己，立即亲自到甘泉宫去面奏皇上，希望能得到皇上的赦免。而江充害怕刘据向汉武帝揭穿自己的阴谋，赶紧派人拦住刘据的车马，说什么也不放他走。刘据被逼得走投无路，只好让一个心腹装扮成汉武帝派来的使者，把江充等人监押起来。

刘据指着江充骂道："你这个奸臣，现在还想挑拨我们父子的关系吗？"说完，刘据就借口江充谋反，命武士将他斩首示众。

太子刘据为预防不测，急忙派人通报给卫皇后，调集军队来保卫皇宫。而这时，宦官苏文等人逃了出去，向汉武帝报告，说是太子刘据起兵造反。汉武帝信以为真，马上下了一道诏书，下令捉拿太子。

事到临头，刘据只好打开武库，把京城里的囚犯武装起来，抵抗前来镇压"造反"的军队。并想调集胡人军团与北军，结果胡人军团被汉武帝调集镇压太子叛乱，北军监护使者任安受了太子的印后闭门不出。太子还向城里的文武百官宣布："皇上在甘泉宫养病，有奸臣起来作乱。"这样一来，弄得城里的官民也不知道究竟是谁在造反，局面更加混乱起来。

双方在城里混战了四五天，死伤了好几万人，大街上到处都是尸体和血污。结果刘据被打败，只好赶紧带着他的两个儿子奔往南门，守门官田仁放太子逃出长安，最后刘据跑到湖县（今河南灵宝西）的一个老百姓家里躲藏起来。

不久，新安（今河南渑池东）县令李寿知道了太子的下落，就带领人马来捉拿他。刘据无处逃跑，只好在门上拴了一条绳子，上吊死了。他的两个儿子和那一家的主人也被李寿手下的张富昌等人杀死了。此时在宫中的卫皇后也已自尽身亡。

久之，巫蛊事多不信。田千秋等上书讼太子冤，汉武帝派人调查，才知道卫皇后和太子刘据从来没有埋过木头人，这一切都是江充搞的鬼。在这场祸乱中，他死了一个太子和两个孙子，既悲伤又后悔，于是，他就下令灭了江充的宗族，宦官苏文被活活烧死，其他参与此事的大臣也都被处死。

最后，汉武帝越想越难过，就派人在湖县修建了一座宫殿，叫做"思子宫"；又造了一座高台，叫做"归来望思之台"，借以寄托他对太子刘据和两个孙子的思念。

■文苑拾萃

秋风辞

（汉）刘彻

秋风起兮白云飞，
草木黄落兮雁南归。
兰有秀兮菊有芳，
怀佳人兮不能忘。
泛楼船兮济汾河，
横中流兮扬素波。
萧鼓鸣兮发棹歌，
欢乐极兮哀情多。
少壮几时兮奈老何！

北魏孝文帝改革

拓跋宏（467—499），北魏时期一位卓越的少数民族政治家、军事家和改革家。他崇尚中国文化，实行汉化，禁胡服、胡语，改变度量衡，推广教育，改变姓氏并禁止归葬，提高了鲜卑人的文化水准，促进西北方各少数民族陆续进入中原后的民族融合。

北魏孝文帝拓跋宏所进行的改革事业，除了政治、经济等方面以外，还包括文化习俗方面的改革。其中，禁鲜卑语，改说汉语就是其文化改革中的一项重大措施。

在孝文帝进行改革之前，鲜卑人一直使用自己的语言，而且鲜卑语是北魏的官方语言，史称"后魏初定中原，军容号令，皆以夷语"。官府中也通行鲜卑语，有些在北魏政府中任职的汉人也通晓鲜卑语。如道武帝拓跋珪时，辽东襄平（今辽宁辽阳市）人晁懿，"明辩而才不及（其兄晁）崇。以善北人语，内侍左右，为黄门侍郎，兄弟并显。懿好矜容仪，被服僭度，言音类太祖。左右每闻其声，莫不惊悚。太祖知而恶之"。晁懿虽然才能不算太高，但因通晓鲜卑语而受到重用。他的语音几乎可与道武帝拓跋珪的语音相像到以假乱真的地步，可见他的鲜卑语说得是相当好的。孝文帝时，河南洛阳人孟威"颇有气尚，尤晓北土风俗……后以明解北人之语，敕在著作，以备推访"。但是，汉族人通晓鲜卑语的毕竟不太多。

随着拓跋宏政权吸收汉族地主士人越来越多，语言的隔阂更加突出，以致当时北魏政权不得不设置"译令史"，以掌翻译事宜。《魏书·官氏志》记载："天兴四年（401年）十二月，复尚书三十六曹，曹置代人令史一人，译令史一人，书令史二人"。这种"译令史"就是负责在各曹中担任翻译的官员。《南齐书·魏虏传》也有记载说："诸曹府有仓库，悉置比官，皆使通虏汉语，以为传驿。"这种"比官"也是翻译人员。

孝文帝进行语言方面的改革还有更深远的考虑，那就是让鲜卑人更好地掌握汉族的封建文化，把鲜卑族人的文化素质提高到汉族人的水平，使鲜卑族人跟上时代的前进步伐，成为一个有文化的先进民族，同时为了更好地把北魏政权建设为一个强盛的封建政权。因此，他下定决心进行语言改革。

有一次，孝文帝引见朝臣，对他们说："卿等欲令魏朝齐美于殷周，为令汉晋独擅于上代？"咸阳王元禧答道："陛下圣明御运，实愿迈迹前王。"孝文帝说："若然，将以何事致之？为欲修身改俗，为欲仍染前事？"元禧答道："宜应改旧，以成日新之美。"孝文帝进一步追问："为欲止在一身，为欲传之子孙？"元禧说："既卜世灵长，愿欲传之来叶。"孝文帝说："若然，必须改作，卿等当各从之，不得违也。"元禧说："上命下从，如风靡草。"

孝文帝先从是否应建立与殷周齐美的昌盛王朝这个问题入手，步步深入，引导群臣接受了他的改革思想和主张，最后因势利导切入正题，提出禁鲜卑语，改用汉语的革新措施。他说："自上古以来及诸经籍，

焉有不先正名，而得行礼乎？今欲断诸北语，一从正音。年三十以上，习性已久，容或不可卒革；三十以下，见在朝廷之人，语音不听仍旧。若有故为，当降爵黜官。各宜深戒，如此渐习，风化可新。若仍旧俗，恐数世之后，伊洛之下复成被发之人。王公卿士，咸以然不？"孝文帝规定：以三十岁为界限，三十岁以上者暂不强求；三十岁以下且在官府任职之人，必须改用汉语；如有违犯，严加惩处。元禧代表贵族和百官表态说："实如圣旨，宜应改易。"

在孝文帝的引导之下，群臣接受了改革语言的主张。孝文帝随即对尚书李冲提出批评，他说："朕尝与李冲论此。冲言：'四方之言，竟知谁是？帝者言之，即为正矣，何必改旧从新。'冲之此言，应合死罪。"说罢，孝文帝对着李冲说："卿实负社稷，合令御史牵下。"李冲身为汉族人，而且一向大力支持文明太后和孝文帝的改革事业，可是在改革鲜卑语这个问题上持保守态度，所以孝文帝狠狠地批评了他，于是他连连叩头，请求恕罪。

在说服了朝中大臣和鲜卑贵族之后，孝文帝便于太和十九年（495年）六月颁布命令，"诏不得以北俗之语言于朝廷，若有违者，免所居官"。正式宣布以洛阳官话作为北魏朝廷的官方语言。

由于孝文帝雷厉风行地推行语言改革，很快就收到了实效。经过几代人的努力，南迁的鲜卑人逐渐习惯于用汉语汉文，而对于本族语言反而不熟悉了。《隋书·经籍志》记载说：魏孝文帝改革以后，"后染华俗，多不能通（鲜卑语），故采其本言以相教习，谓之国语。"鲜卑族汉化以后，本族语言已经不晓，于是，北魏政府编写了《国语》课本，作为子弟们学习鲜卑语之用。可见孝文帝改革语言的成效是很大的。

通过语言改革，鲜卑族人掌握了汉族的封建文化，加速了鲜卑族人的汉化，大大促进了北方民族的融合。恩格斯说过："每一次由比较野蛮的民族所进行的征服，不言而喻地都阻碍了经济的发展，摧毁了大批的生产力。但是在长期的征服中，比较野蛮的征服者，在绝大多数情况下，都不得不适应征服后存在的比较高的'经济情况'。他们为被征服者所同化，而且大部分甚至还不得不采用被征服者的语言。"从孝文帝"断诸北语，一从正音"的语言改革事实中，生动地体现了恩格斯这一论断的正确性。

■故事感悟

改革是为了让各族人民的素质得到更好地提高和发展。没有统一、缺乏标准的国家是分裂的。孝文帝通过语言改革，促进了民族的融合。

■史海撷英

孝顺的孝文帝

拓跋宏的父亲献文帝信仰佛教，对政治极其厌恶，总是想超脱俗世去修身养性，所以，471年，在拓跋宏才5岁的时候，献文帝就把皇位让给了拓跋宏。北魏拓跋家一直引用汉武帝的老办法，"立其子杀其母"，就是在立儿子做太子的同时，杀掉太子的母亲，以此来防止吕后那样的悲剧重演。拓跋宏的生母也是这样被杀死的。孝文帝拓跋宏是北魏献文帝拓跋弘的长子，北魏的第六位国君。年幼的拓跋宏只能由太皇太后冯氏抚养。所以在471年至490年的20年间，政权一直由太皇太后冯氏把持。

冯太后对拓跋宏一直存有戒心，拓跋宏聪慧早熟，冯太后担心他长大后会对自己不利，所以并不喜欢他。有一次，她听信谗言，杖罚了幼小的拓跋宏。又有一次，冯太后在大冷天里，把穿着单衣的小皇帝关在一间空屋子之中，3天不给饭吃，还打算废掉他。后来因为大臣穆泰的劝阻，拓

跋宏才保住了皇位。拓跋宏3岁时生母就被赐死，所以一直都不知自己的亲生母亲是谁。他生性孝顺，因为从小就跟着冯太后，就一直把冯太后当作亲生母亲一般对待，所以，虽然冯太后对他并不疼爱，拓跋宏却真可以算是冯太后的肖孙，即使被责罚也毫无怨言。

■文苑拾萃

度量衡

度量衡是指在日常生活中用于计量物体长短、容积、轻重的统称。

度量衡的发展大约始于父系氏族社会末期。传说黄帝"设五量""少昊同度量，调律吕"。度量衡单位最初都与人体相关："布手知尺，布指知寸""一手之盛谓之掬，两手谓之溢"。这时的单位尚有因人而异的弊病。《史记·夏本纪》中记载禹"身为度，称以出"，则表明当时已经以名人为标准进行单位的统一，出现了最早的法定单位。商代遗址出土有骨尺、牙尺，长度约合16厘米，与中等身材的人大拇指和食指伸开后的指端距离相当。尺上的分寸刻划采用十进位，它和青铜器一样，反映了当时社会的生产和技术水平。

春秋战国时期，群雄并立，各国度量衡大小不一。秦始皇统一全国后，推行"一法度衡石丈尺，车同轨，书同文字"，颁发统一度量衡的诏书，制订了一套严格的管理制度。商代的牙尺为中国2000多年封建社会的度量衡制奠定了基础。

陈子昂改革诗风

陈子昂（约661—702），字伯玉，汉族，梓州射洪（今属四川）人，唐代文学家，初唐诗文革新人物之一。因曾任右拾遗，后世文称其为陈拾遗。其存诗共100多首，其中最有代表性的是《感遇》诗38首，《蓟丘览古赠卢居士藏用》7首和《登幽州台歌》。

在初唐的诗坛上，有一位高举革新旗帜的著名诗人，他就是陈子昂。

陈子昂出身于当地豪富之家，从小任侠使气，到十七八岁仍不知念书。有一次，他和一伙嗜赌的朋友到乡学去玩，才幡然悔悟，慨然立志，从此闭门谢客，折节读书，数年间博览了经史百家。他不死守章句，对国家兴亡治乱很有见地，尤为擅长诗文。他主张恢复建安风骨的优良文学传统，反对晋宋特别是梁陈间辞藻华丽而内容贫乏空虚的诗风。他在《修竹篇序》一文中表达了他的观点。

文章道弊五百年矣。汉魏风骨，晋宋莫传，然而文献有可征者。仆尝暇时观齐梁间诗，彩丽竞繁，而兴寄都绝，每以永

叹，思古人，常恐逶迤颓靡，风雅不作，以耿耿也。一昨于解
三处，见明公《咏孤桐篇》，骨气端翔，音情顿挫，光英朗练，
有金石声。遂用洗心饰视，发挥幽郁。不图正始之音，复睹于
兹，可使建安作者，相视而笑。

在这里，陈子昂提出了诗歌改革的基本观点。

晋宋以来的文坛，一方面涌现过陶渊明、谢灵运、庾信、鲍照诸名
家，出现了优美动人的田园诗、山水诗，风格和艺术手法都有所发展，
诗体和声律也有所创新，七言诗走向成熟，奠定了格律严整的近体诗基
础，但另一方面，也出现了从内容到形式都日趋没落的诗风，所谓玄言
诗"理过其辞，淡乎寡味""诗皆平典，似《道德论》，建安风力尽矣"。
齐、梁、陈的诗歌许多反映的是统治阶级上层荒淫无度、醉生梦死的生
活，充塞其中的不外是歌舞、风云、春秋、花柳之属，乃至以轻薄笔触
着意描绘女性色情的"宫体诗"。相沿至隋，浮艳之辞不绝，萎靡之风
弥盛。这就是陈子昂所指斥的"文章道弊五百年矣"。因此，他主张加
以改革，继承建安风骨，写出"骨气端翔，音情顿挫，光英朗练，有金
石声"的作品来。在这篇短文中，陈子昂为唐代诗歌的发展指明了正确
的方向，揭开了唐诗革命的序幕。

陈子昂的创作是他的理论的辉煌实践，与六朝以来的玄言诗、宫体
诗之类划清了界限，彻底摆脱了形式主义的桎梏。他的《登幽州台歌》
则显示出这种风格。

前不见古人，后不见来者。
念天地之悠悠，独怆然而涕下。

该诗气势磅礴、高昂激越，读之又酣畅自然，全无半点矫揉造作，确实"有金石声"！

他的传世之作中有不少精品，如以下几首。

> 兰若生春夏，芊蔚何青青。
>
> 幽独空林色，朱蕤冒紫茎。
>
> 迟迟白日晚，嫋嫋秋风生。
>
> 岁华尽摇落，芳意竟何成？
>
> （《感遇》其二）

> 丁亥岁云暮，西山事甲兵。
>
> 赢粮匝邛道，荷戟争羌城。
>
> 严冬阴风劲，穷岫泄云生。
>
> 昏曀无昼夜，羽檄复相惊。
>
> 拳踞竞万仞，崩危走九冥。
>
> 籍籍峰壑里，哀哀冰雪行。
>
> 圣人御宇宙，闻道泰阶平。
>
> 肉食谋何失，藜藿缅纵横。
>
> （《感遇》之二九）

> 南登碣石馆，遥望黄金台。
>
> 丘陵尽乔木，昭王安在哉？
>
> 霸图今已矣，驱马复归来。
>
> （《燕昭王》）

这几首诗中，有诗人对自己郁郁不得志的忧伤，有对边塞生活的不满和愤慨，感情深沉，意境深邃，齐、梁诗风已经荡然无存了，史称"唐

兴，文章承徐、庾余风，天下祖尚，子昂始变雅正"。这个评价是中肯的。

后来的诗人对陈子昂改革诗风也都给予很高的评价，如韩愈在《荐士》诗中说："国朝盛文章，子昂始高蹈。"白居易在著名的《与元九书》中说："至于梁、陈间，率不过嘲风雪、弄花草而已。……唐兴二百年，其间诗人不可胜数，所可举者，陈子昂有《感遇》诗二十首、鲍鲂有《感兴》诗十五首……"

□ 故事感悟

做事不能墨守成规，只有有创新、有新意才能让事物发展得更好。陈子昂作为革新派的代表人，为诗歌的发展开了好头，作出了贡献。

□ 史海撷英

伯玉毁琴

有一年，陈子昂离开家乡到京城长安，虽然他胸藏锦绣、才华横溢，却无人赏识。这天，陈子昂在街上闲游，忽然看见一位老者在街边吆喝："上好的铜琴，知音者快来买呀！"陈子昂便走过去，看到这把琴确实是好琴，便对老者说："老伯，我想买这把琴，你老出个价吧……"老者把陈子昂打量一番后说："先生果真想买这把琴吗？我看先生举止不俗，定非寻常之辈，实话对你说，别人买不能少于3000钱，先生若买就2000钱吧。只要这把琴寻到真正知音之人，能够物尽其用，老朽也就心安了……"其实，一把琴2000钱在当时也是天价了，陈子昂却毫不犹豫地将琴买下了。围观的人见这位书生花这么多钱买了一把琴，都觉得这"琴"、这"人"都有些不凡！陈子昂看看众人说："在下陈子昂，略通琴技，明天我要在寓所宣德里为大家演奏，敬请各位莅临……"

这件事很快就传开了。第二天一早，很多人都来听琴，其中不乏文人骚客、各界名流。

　　陈子昂抱琴出场，对观者抱拳作揖道："感谢各位捧场，但我陈子昂弹琴是假，摔琴是真！"话音刚落，陈子昂将琴高高举起，当众"啪"地向地上摔去，立刻弦断琴碎，把众人惊得目瞪口呆！陈子昂朗声笑道："我陈子昂自幼刻苦读书，经史子集烂熟在心，诗词歌赋，长文短句，件件做得用心，但我处处遭人冷遇。今日借摔琴之由让众位读一读我的诗文，这才是我的真正目的……"陈子昂说罢，从箱子里取出大叠诗词文稿，分发给在场的人。在场的一些名流看了陈子昂的诗文后，个个感叹不已，这一首首诗、一篇篇文章果然字字珠玑，精美绝伦！于是，陈子昂的名字和他的锦绣诗文便在京城传开了。从此，陈子昂的住所每日来访者络绎不绝。后来，陈子昂的诗名传到了朝廷，这位才华出众的诗人才终于得到了重用。

■文苑拾萃

还至张掖古城，闻东军告捷，赠韦五虚己

（唐）陈子昂

孟秋首归路，仲月旅边亭。
闻道兰山战，相邀在井陉。
屡斗关月满，三捷虏云平。
汉军追北地，胡骑走南庭。
君为幕中士，畴昔好言兵。
白虎锋应出，青龙阵几成。
披图见丞相，按节入咸京。
宁知玉门道，翻作陇西行。
北海朱旄落，东归白露生。
纵横未得意，寂寞寡相迎。
负剑空叹息，苍茫登古城。

韩愈倡"古文运动"

韩愈（768—824），字退之，自谓"郡望昌黎"，世称"韩昌黎"，汉族，唐河南河阳（今河南孟县）人。他是唐代古文运动的倡导者，宋代苏轼称他"文起八代之衰"，明人推他为唐宋八大家之首，与柳宗元并称"韩柳"，有"文章巨公"和"百代文宗"之名。韩愈著有《韩昌黎集》40卷、《外集》10卷、《师说》等。

唐代古文运动是一个以"复古"为名的文风、文体和文学语言的改革运动。古文运动的主要倡导者是杰出的文学家韩愈。

从两晋以后，文坛上出现了追求形式华美的文风，讲究排偶、音韵、辞藻和大量使用典故的骈体文几乎取代了先秦、秦汉的传统散文，被广泛运用于诏诰、章奏、书信和文学作品中，至南朝的齐、梁达到了顶点。这种形式主义的文风、文体已经丧失了最初的进步性，而成为新文学发展的障碍。于是，反对骈体文和旧文风、提倡新文风的古文运动逐渐形成，陈子昂、元稹、萧颖士、李华、独孤及、梁肃等人就是这一运动的先驱。韩愈从青年时代起，就以独孤及、梁肃为榜样，故而也积极投身于古文运动之中，"锐意钻仰，欲自振于一代"。

韩愈自幼接受儒家教育，忧国忧民，强烈希望入仕从政，以实现远大的政治抱负。然而，他在入仕道路上却连连遭受挫折，"四举于礼部乃一得，三选于吏部卒不成"。为求入仕，他曾经三次给宰相写信，卑辞自荐，但都石沉大海，毫无结果。他自19岁到长安应试，终于在28岁时带着一个空头进士悻悻然返回故里。当时，他给友人崔立之写信说："仆虽不贤，亦且潜究其（指社会治乱）得失，致之乎吾相，荐之乎吾君，上希卿大夫之位，下犹取一障而乘之。若都不可得，犹将耕于宽闲之野，钓于寂寞之滨，求国家之遗事，考贤人哲士之终始，作唐之一经，垂之于无穷。"后来，韩愈入宣武军节度使幕府，在宦海浮沉了29年后，才升到尚书吏部侍郎之位。虽然他在中央和地方的任职中都有些政绩，但令他能够名垂后世的是他对古文运动的贡献。

有人问韩愈说："为文宜何师？"韩愈答道："宜师古圣贤人。"那人又问："古圣贤人所为书具存，辞皆不同，宜何师？"韩愈又答道："师其意，不师其辞。"韩愈所谓"师其意"，就是学习"古圣贤人"文以载道的精神。他推崇的"古圣贤人"包括汉代的司马相如、司马迁、刘向、扬雄等人，这些人都是能够把圣人之道运用于作文的"能者"，是"用功深者，其收名也远"，值得效法。相反，如果"与世沉浮，不自树立，虽不为当时所怪，亦必无后世之传也"。所以他说："若圣人之道，不用文则已，用则必尚其能者，能者非他，能自树立、不因循者是也。有文字来，谁不为文，然其存于今者，必其能者也。"在他看来，司马相如、司马迁等人的文章就是文以载道、文道统一的典范。

韩愈所主张的"道"当然是儒家的道，但其中含有内容决定形式、形式应该服务于内容的意义。也就是说，文章要有内容，内容丰富深刻的才会有感染力，才能传之后世，而内容空洞、形式华美的文章是没有生命力的，"与世沉浮"地去追求这种时髦的文风是没有前途的。

韩愈教导学生李翊说："气，水也；言，浮物也。水大而物之浮者大

小毕浮。气之与言犹是也，气盛则言之短长与声之高下者皆宜。"他所说的"气"指文气，文气如水，文辞如水浮之物；文气充沛，文辞才能左右逢源，从心所欲。而文气来源于思想修养和文学修养，必须经过艰苦、长期的努力，所以他还说："养其根而俟其实，加其膏而希其光。根之茂者其实遂，膏之沃者其光晔。"他所强调的仍然是文章的内容，而非形式。他要求学生去观察写作的对象，写自己熟悉的东西。有学生问："文宜易宜难？"他回答说："无难易，惟其是尔，如是而已。非固开其为此，而禁其为彼也。夫百物朝夕所见者，人皆不注视也。及睹其异者，则共观而言之，夫文岂异于是乎？……足下家中百物，皆赖而用也。然其所珍爱者，必非常物。夫君子之于文，岂异是乎？今后进之为文，能深探而力取之。"韩愈要求学生写作时要"惟陈言之务去"和"文从字顺各识职"，这些对于革新文风、文体都是很有意义的。

韩愈不但在理论上见解精辟，卓有建树，而且还创作了许多优秀的散文、诗歌。如《原道》《原毁》《师说》《诤臣论》等论说文说理透辟，具有很强的逻辑性；《马说》《龙说》等杂文构思精巧，寓意深刻；《祭十二郎文》《柳子厚墓志铭》等充满了强烈真挚的感情。他的《送李愿归盘谷序》一文也是其中的代表作。

人之称大丈夫者，……利泽施于人，名声昭于时，坐于庙朝，进退百官，而佐天子出令。其在外，则树旗旄，罗弓矢，武夫前呵，从者塞途。供给之人，各执其物，夹道而疾驰。喜有赏，怒有刑，才畯满前，道古今而誉盛德，入耳而不烦。曲眉丰颊，清声而便体，秀外而惠中，飘轻裾，翳长袖，粉白黛绿者，列屋而闲居，妒宠而负恃，争妍而取怜。大丈夫之遇知于天子，用力于当世者之所为也。吾非恶此而逃之，是有命焉，不可幸而致也。

穷居而野处，升高而望远，坐茂树以终日，濯清泉以自洁。采于山，美可茹；钓于水，鲜可食。起居无时，惟适之安。与其有誉于前，孰若无毁于其后？与其有乐于身，孰若无忧于其心？车服不维，刀锯不加，理乱不知，黜陟不闻。大丈夫不遇于时之所为也，我则行之。

伺候于公卿之门，奔走于形势之途，足将进而趑趄，口将言而嗫嚅，处秽污而不羞，触刑辟而诛戮，侥幸于万一，老死而后止者，其于为人贤不肖，何如也？

这篇文章从立意、结构到语言诸方面都达到了相当高的境界，以精确而又典型的笔墨写出了富贵者的骄奢、隐居者的落寞和追逐功名者的卑微。宋代文学家苏轼对这篇文章评价极高，他说："唐无文章，惟韩退之《送李愿归盘谷序》而已。"

韩愈对于诗歌改革也起到了很大作用。他反对庸俗肤浅的诗风，提倡创造精神。他作文讲究"气"，写诗也是如此，所谓"气盛则言之短长与声之高下者皆宜"，应该自由地去表达自己的思想感情。他的诗文中有时有"横空盘硬语"的缺点，却是务去陈言，富于独创，有些诗篇也非常清新而不假雕饰。如以下几首诗。

天街小雨润如酥，草色遥看近却无。
最是一年春好处，绝胜烟柳满皇都。

——《早春呈水部张十八员外》

别来杨柳枝头树，摆弄春风只欲飞。
还有小园桃李在，留花不发待郎归。

——《镇州初归》

一封朝奏九重天，夕贬湖阳路八千。

欲为圣明除弊政，敢将衰朽惜残年！

云横秦岭家何在？雪拥蓝关马不前。

知汝远来应有意，好收吾骨瘴江边。

——《左迁至蓝关示侄孙湘》

■故事感悟

韩愈倡导的古文运动成就了唐代诗文的一大变革，他自己也因此而"卓然树立，成一家言"。陈寅恪先生说："退之发起光大唐代古文运动，卒开后来赵宋新儒学新古文之文化运动，史证明确，则不容置疑者也。"可见韩愈对古文运动的发展所起到的作用。

■史海撷英

潮州韩愈纪念馆

韩愈纪念馆位于广东潮州市城东笔架山麓。唐代元和十四年（819年），由于著名政治家、思想家、文学家韩愈向皇帝提出停止迎接法门寺佛骨到长安供奉的建议触怒了皇帝，被令处死。幸得宰相裴度等讲情，才改贬为潮州刺史。韩愈以戴罪之身，在潮州7个多月，把中原先进文化带到岭南，办教育，驱鳄鱼，为民众做了许多好事，被潮州人奉为神。潮州人还将笔架山改称韩山，山下的鳄溪改称韩江。

宋咸平二年（999年），在通判陈尧佐的倡导下建立韩祠。祠宇据地高旷，构造古雅，占地328平方米，系双层垂檐建筑。现其下层为展览厅，上层辟为"韩愈纪念馆"，阁前石砌平台正中有2米多高的韩愈平身石像一尊。内分前后二进，并带两廊。后进筑在比前进高出几米的台基上，内供韩愈塑像。堂上有对联:"辟佛累千言,雪冷蓝关,从此儒风开海峤;到官才八月,潮平鳄渚,于今香火遍瀛洲。"祠内有历代碑刻36块,其年代最早者是苏轼的《潮州韩文公庙碑》,该碑从城南移至此,置正堂南墙下。祠内前后二进梁柱还分别悬着今人为重修韩文公祠所题写的匾额。韩祠倚山临水,肃穆端庄。1988年,原侍郎亭旧址又新建了"侍郎阁"(韩愈曾任刑部侍郎,人称"韩侍郎"),苏轼为此写下了著名的《潮州韩文公庙碑记》,称韩愈"文起八代之衰,道济天下之溺",遂成天下定论。周围为历代韩祠碑刻和韩愈笔迹。饶有趣味的是"传道起文"的碑刻,因字形特殊,竟有多种读法。庭园有碑廊,保存有现代名人评价韩愈的书法碑刻。后山腰为侍郎阁,阁前有韩愈石雕头像,阁内辟为韩愈生平展览馆。

■文苑拾萃

师 说

(唐)韩 愈

古之学者必有师。师者,所以传道授业解惑也。人非生而知之者,孰能无惑?惑而不从师,其为惑也,终不解矣。生乎吾前,其闻道也固先乎吾,吾从而师之;生乎吾后,其闻道也亦先乎吾,吾从而师之。吾师道也,夫庸知其年之先后生于吾乎?是故无贵无贱,无长无少,道之所存,师之所存也。

嗟乎!师道之不传也久矣!欲人之无惑也难矣!古之圣人,其出人也远矣,犹且从师而问焉;今之众人,其下圣人也亦远矣,而耻学于师。是故圣益圣,愚益愚。圣人之所以为圣,愚人之所以为愚,其皆出于此乎?爱其子,择师而教之;于其身也,则耻师焉,惑矣。彼童子之师,授之书而习其句读者,非吾所谓传其道解其惑者也。句读之不知,惑之不解,或师焉,或不焉,小学而大遗,吾未见其明也。巫医乐师百工之人,

不耻相师。士大夫之族，曰师曰弟子云者，则群聚而笑之。问之，则曰："彼与彼年相若也，道相似也。位卑则足羞，官盛则近谀。"呜呼！师道之不复可知矣。巫医乐师百工之人，君子不齿。今其智乃反不能及，其可怪也欤！

圣人无常师。孔子师郯子、苌弘、师襄、老聃。郯子之徒，其贤不及孔子。孔子曰："三人行，则必有我师。"是故弟子不必不如师，师不必贤于弟子，闻道有先后，术业有专攻，如是而已。

李氏子蟠，年十七，好古文，六艺经传皆通习之，不拘于时，学于余。余嘉其能行古道，作《师说》以贻之。

白居易诗歌写现实

白居易（772—846），汉族，字乐天，晚年又号香山居士，河南新郑（今郑州新郑）人，我国唐代伟大的现实主义诗人，中国文学史上负有盛名且影响深远的诗人和文学家。他的诗歌题材广泛，形式多样，语言平易通俗，有"诗魔"和"诗王"之称。白居易官至翰林学士、左赞善大夫，有《白氏长庆集》传世，代表诗作有《长恨歌》《卖炭翁》《琵琶行》等。白居易故居纪念馆坐落于洛阳市郊。

白居易自幼聪慧，刻苦读书，尤酷爱读诗写诗，"昼课赋，夜课书，间又课诗，不遑寝息矣，以至于口舌成疮，手肘成胝"。唐贞元十六年（800年），白居易考取进士，次年应吏部关试拔萃甲科，被授予秘书省校书郎之职。这时，他所创作的诗歌已经有三四百首之多。元和元年（806年），白居易离职参加制举考试，再登甲科。在读书和创作的实践中，继承与发展了初唐陈子昂、中唐杜甫的现实主义，提出了"文章合为时而著，歌诗合为事而作"的主张，又用这一理论指导自己的写作。

元和三年（808年），白居易担任左拾遗，是皇帝跟前的谏官。任

职之初，他上疏说："授官以来，仅将十日，食不知味，寝不遑安，惟思粉身，以答殊宠。"因此，他一方面以章奏直言劝谏，另一方面以诗歌婉言讽谏，"欲稍稍递进闻于上。上以广宸聪，副忧勤；次以酬恩奖，塞言责；下以复吾平生之志"。这类讽喻诗有170多首，如以下两首。

意气骄满路，鞍马光照尘。

借问何为者？人称是内臣。

朱绂皆大夫，紫绶或将军。

夸赴军中宴，走马去如云。

樽罍溢九酝，水陆罗八珍。

果擘洞庭橘，脍切天池鳞。

食饱心自若，酒酣气益振。

是岁江南旱，衢州人食人。

（《轻肥》）

帝城春欲暮，喧喧车马度。

共道牡丹时，相随买花去。

贵贱无常价，酬直看花数。

灼灼百朵红，戋戋五束素。

上张幄幕庇，旁织笆篱护。

水洒复泥封，移来色如故。

家家习为俗，人人迷不悟。

有一田舍翁，偶来买花处，

低头独长叹，此叹无人喻：

一丛深色花，十户中人赋。

（《买花》）

71

这是《秦中吟》组诗中的两首。《轻肥》写官僚们的骄奢，酒肴的丰美，而以"是岁江南旱，衢州人食人"作结，与杜甫的"朱门酒肉臭，路有冻死骨"有异曲同工之妙。《买花》写京城驱车策马，竟买牡丹成为习俗，而结句"一丛深色花，十户中人赋"，揭示出贫富悬殊的主题。组诗中还有《重赋》《歌舞》《议婚》等篇，或暴露赋税沉重和农民生活的悲惨，或讽刺公侯豪门的夜半歌舞，醉生梦死。

他的另一组诗是《新乐府》五十首，他说："其辞质而径，欲见之者易谕也；其言直而切，欲闻之者深诫也；其事核而实，使采之者传信也；其体顺而律，可以播于乐章歌曲也。总而言之，为君、为臣、为民、为物、为事而作，不为文而作也。"在《寄唐生》诗中，他也谈到《新乐府》的写作目的："我亦君之徒，郁郁何所为。不能发声哭，转作乐府诗。篇篇无空文，句句必尽规。功高虞人箴，痛甚骚人辞。非求宫律高，不务文字奇。惟歌生民病，愿得天子知。"这就是说，在文学创作中，内容是第一位的，形式是第二位的，文学创作必须具有充实的内容，具有教育意义。这是文学理论的重大发展。《新乐府》中有《新丰折臂翁》《杜陵叟》《卖炭翁》等脍炙人口的作品，如《杜陵叟》。

> 杜陵叟，杜陵居，岁种薄田一顷余。
>
> 三月无雨旱风起，麦苗不秀多黄死。
>
> 九月降霜秋早寒，禾穗未熟皆青干。
>
> 长吏明知不申破，急敛暴征求考课。
>
> 典桑卖地纳官租，明年衣食将何如？
>
> 剥我身上帛，夺我口中粟。
>
> 虐人害物即豺狼，何必钩爪锯牙食人肉！
>
> 不知何人奏皇帝，帝心恻隐知人弊。

白麻纸上书德音，京畿尽放今年税。

昨日里胥方到门，手持尺牒牓乡村。

十家租税九家毕，虚受吾君蠲免恩。

　　白居易这些针砭时弊的诗篇惹恼了当权的宦官、权贵，被指责为沽名钓誉、诋毁讪谤。元和十年（815年），当权的宦官、权贵找了一个借口，把他排斥出京，贬为江州（今江西九江）司马。这年十二月，他给远在通州（今四川达县）的挚友元稹写了一封长信，系统地阐述了自己的文学主张。他与那种把文学说成是雕虫小技的观点不同，他认为"夫文尚矣"，而以《诗经》为首，因为"感人心者莫先乎情，莫始乎言，莫切乎声，莫深乎义。诗者：根情，苗言，华声，实义"。他对六朝以后背离《诗经》优良传统的倾向进行了批判，指出多溺于山水，偏放于田园，"至于梁、陈间，率不过嘲风雪、弄花草而已"；唐兴以后唯陈子昂《感遇》诗20首和鲍防《感兴》诗15首，杜甫的成绩最大，但在传世的千余篇中，如《新安吏》《石壕吏》之篇什，如"朱门酒肉臭，路有冻死骨"之佳句，也不过三四十句。杜甫尚且如此，何况那些比不上杜甫的诗人。于是，白居易决心担负起改革文学的历史使命，他说："仆常痛诗道崩坏，忽忽愤发，或食辍哺，夜辍寝，不量才力，欲扶起之。"白居易的理论是中国古代现实主义文学理论的奠基石。

　　这时，白居易整理所作诗歌已达800首，按照儒家"穷则独善其身，达则兼济天下"的观念进行分类：讽喻诗表示兼济之志，闲适诗取独善之义，其余有随感遇而形于叹咏的感伤诗和杂律诗。他自己推崇的是讽喻诗和闲适诗，而不重视"诱于一时一物，发于一笑一吟"的杂律诗。虽然"人所爱者，悉不过杂律诗与《长恨歌》已下"，但他主张今后为他编辑诗集时，杂律诗可以略去。当然，白居易早年所作的《长恨歌》和在江州所作的《琵琶行》是两首杰出的叙事诗，在艺术上达到很高的成就。不过，诗人从"歌诗合为事而作"出发，更注重文学的教育意义，表现了对现实主义的执著追求，这是极为难能可贵的。正如他在一首律诗中写的："一篇《长恨》有风情，十首《秦吟》近正声。"他固然也欣赏"有风情"的《长恨歌》，但毕竟只有《秦中吟》才近于"正声"呀！

据说："白乐天每作诗，令一老妪解之。问曰：解否？妪曰解，则录之；不解，则易之。"通俗易懂，也是白居易创作的艺术特色之一，是他改革文学的另一个方面。这使他的诗拥有更多的读者，发挥更广泛的教育作用。白居易在从长安到江西三四千里的旅途中亲眼见到自己的诗被题写于沿途乡校、佛寺、旅舍、舟船之中，听到被吟唱于士庶、僧徒、妇女之口。他还听说有一个叫高霞寓者要聘一个歌妓，歌妓扬扬自得地说："我诵得白学士《长恨歌》，岂同他妓哉！"她的身价因此大增。元稹在《白氏长庆集序》中也说："乐天《秦中吟》《贺雨》《讽谕》等篇，时人罕能知者。然而二十年间，禁省、观寺、邮堠墙壁之上无不书，王公、妾妇、牛童、马走之口无不道。至于缮写模勒，烨卖于市井；或持之以交酒茗者，处处皆是。其甚者，有至于盗窃名姓，苟求自售，杂乱间厕，无可奈何。"白居易逝世后，唐宣宗也曾写诗吊唁。

> 缀玉联珠六十年，谁教冥路作诗仙。
>
> 浮云不系名居易，造化无为字乐天。
>
> 童子解吟长恨曲，胡儿能唱琵琶篇。
>
> 文章已满行人耳，一度思卿一怆然！

白居易，一个现实主义诗人，用自己的诗歌来批判社会、批判现实，也让皇帝了解了时世的矛盾与冲突。作为现实主义的代表，白居易深得人们的喜爱与推崇。

白居易改诗

白居易在任杭州刺史的三年期间，曾写下了许多赞美西湖的山水诗。西湖的景色，用他饱满的笔墨勾画点染，也显得愈发美丽了。而西湖迷人的景致同样也给了诗人诸多的养分，浪漫的意境、勃然的诗兴，助其诗愈发绚丽了。

孤山寺北贾亭西，水面初平云脚低。

几处早莺争暖树，谁家新燕啄春泥。

乱花渐欲迷人眼，浅草才能没马蹄。

我爱湖东行不足，绿杨阴里白沙堤。

这就是白居易开始写的著名的《钱塘湖春行》。可仔细读来，你会发现与流传下来的有一字之差，就这一字之差，也流传着一段佳话。

一次，白居易从孤山寺扶醉而归，乘着酒兴漫步白堤，堤岸两边清水如镜，仰面白云欲吻湖烟，莺燕争春栖柳掠地，不禁诗兴涌动，勃然即吟。

白居易正诗意兴浓得意之际，忽见一个老婆婆拄着拐杖，蹒跚地走在白堤上。白居易走上前对老婆婆说："我刚才作了一首诗，吟给你听听，好不好？"于是就把这诗吟了一遍。老婆婆听了说："这诗好啊！只是白沙堤不只你一人喜欢，我们都爱这堤呢。你不如把'我'字改成'最'字吧，这就吟出了许多人的心思了。"白居易一听喜出望外，连连称改得好、改得好啊！

孤山寺北贾亭西，水面初平云脚低。

几处早莺争暖树，谁家新燕啄春泥。

乱花渐欲迷人眼，浅草才能没马蹄。

最爱湖东行不足，绿杨阴里白沙堤。

于是，一首流传于世、脍炙人口的佳作《钱塘湖春行》应西湖美景而生，应诗人谦逊而生，应百姓众爱而生，传为美谈。

■文苑拾萃

白居易的藏头诗

唐代诗人白居易有一首藏头诗《游紫霄宫》：水洗尘埃道未尝，甘于名利两相忘。心怀天洞丹霞客，各诵三清紫府章。早里采莲歌达旦，一轮明月飘桂香。日高公子还相觅，见得山中好酒浆。

诗中第二句头字"甘"，藏于第一句尾字"尝"中。依此类推，第一句的头字"水"，藏于末句（第八句）的尾字"浆"之中。

杨鼎廉洁谦恭

杨鼎（1408—1485），字宗器，陕西咸宁人，明代英宗正统四年榜眼，官至太子太保，谥号庄敏。著作有《助费稿》等。

杨鼎出身于平民，他家境清贫，但天资聪颖，学习刻苦。早年，他在乡试中获第一名以后就去南京国子监学习。他从湖广老家来到南京，不带一个僮仆，一面刻苦攻读，一面还要自己做饭。当时国子监的负责人陈敬宗考察了他的学问与品行后，对他很是赞佩，感慨地说："杨鼎一个人闭门读书，品行端正，能忍受常人所不能忍之苦，说他像颜渊那样'一箪食，一瓢饮'也不算过分啊！"

当时有一个任知府的官员得知杨鼎的情况后，想把自己的女儿嫁给他，杨鼎推说没有告知父母，委婉拒绝了。这个知府就托杨鼎的同乡、兵部尚书徐琦去和陈敬宗说："杨鼎的家里是很清贫的，而这位知府大人家很富，杨鼎父母知道后，对这门亲事肯定会满意的。"陈敬宗就去劝杨鼎，让他接受这婚事，杨鼎说："孔子弟子原宪，蓬户褐衣蔬食，而他自己不减其乐。这样的人生活虽贫穷，但在精神和道德上是富有的。猗顿经营畜牧盐业，十年之间成为富商，这样的人虽富，却缺少道德。我怎么敢贪求富贵呢？"听了这番话，陈敬宗更敬佩杨鼎的德操了。

经过几年苦学，杨鼎在科举考试中连续取得好成绩：会试第一名（俗称"会元"）、殿试第二名（俗称"榜眼"）。在封建时代，这也算是"一举成名天下知"的盛事了。

杨鼎以"天子门生"的高贵身份进入官场，虽然遭受过几次波折，但总体说来还是比较顺利，最后做到了户部尚书和太子少保。

在翰林院的时候，他为了脱颖而出，建立功名，就向皇帝上书，建议重视国防，加强边疆地区的漕运。这不是翰林应该过问的事情，同僚们因此嘲笑他过于迂腐，但性格执拗的杨鼎认为自己没有错，越来越自信。

杨鼎担任户部左侍郎的时候，皇帝派太监到户部传旨，要求把江南一大笔税银转到皇宫，充实皇帝的内帑，而另外调拨一批税物，抵作武官的俸禄。杨鼎坚持原则，拒绝了皇帝的无理要求。

又有一次，军队因为缺乏牛马草料，朝廷想向老百姓加收税银。杨鼎站在百姓的立场上，据理力争，最终制止了这项不合理的附加税。

明成化六年，担任户部尚书的杨鼎了解到陕西汉中一带流民很多，有变乱的危险，就上书朝廷，建议在汉中地区设立一名"监司"官，专门管理流民问题。流民愿意附籍汉中的就妥善安置，不愿意附籍的就发放路费，遣返回乡。监司还要会同地方官训练士兵，修缮城池，预防将来发生的变乱。他的这条建议被朝廷及时采纳施行了。

户部是主管财政的，杨鼎在这方面也有一些建树。湖广多年遭灾，朝廷的府库经过多次赈济已经空空如也。有一年秋粮丰收，杨鼎立即向朝廷建议，用库存的银两和布匹迅速兑换粮米，以备灾荒。江淮一带的仓库也因多次筹饷赈灾而空虚，杨鼎和户部人员一起研究对策，向朝廷

建议，用赎罪、中盐、折钞、征逋等六种办法充实仓廪，收到了很好的效果。

杨鼎在主管财政的户部工作多年，经手银钱无数，但他廉洁自律，没有丝毫的腐败问题，工作也有一定的成绩，声誉很好。但因为他性格执拗迂腐，办事并不是十分得力，与同僚的关系也不太好。成化十五年秋，御史弹劾杨鼎，说他不是"经国"之才。杨鼎并没有为自己辩解，而是连续两次上疏，引咎辞职，以实现自己"退思早"的心愿。

皇帝同意了杨鼎的辞职请求，但又十分敬重杨鼎的清廉人品，给了他很特殊的退休待遇：允许他用公费乘驿传回乡，又命地方官每月供米二石，每年拨四名差役伺候，这种待遇一直维持到他去世。明朝官员退休后的恩赐供给待遇，就是杨鼎开的先例。

杨鼎曾对儿子和乡亲们说："吾平生无可取者，但识廉耻二字耳！"

杨鼎的晚年生活过得丰富多彩。他捐资修建了一座"静善书院"，延请名师，教授本乡子弟，想多为家乡培养一些人才。遇到饥荒年月，他也慷慨地捐出自己的积蓄，救济亲朋故旧。这一切都是他自然而然做的，如同自己的本分。

杨鼎去世后，朝廷赠官为太子太保，并且赠谥号为"庄敏"。杨鼎有两个儿子：长子杨时旸，考中了进士，官做到侍讲学士，才能和声望都很好；次子杨时敷，只考中了举人，后来因为替父亲守墓得到朝廷表彰，做了兵部司务这样的小官。

■ 故事感悟

杨鼎一生中了会元、榜眼，官至尚书、太子太保，算是封建社会的成功人士。虽然他在政治方面的贡献不大，算不上历史名人，但他的勤学、廉洁、谦恭、仁爱、淡泊等品德，确实值得后世的人们学习。

杨鼎十思文

杨鼎精通的是四书五经"八股文"，他对繁杂的朝廷公务并不十分擅长。他升为户部右侍郎时，担心自己不能胜任，就写了一篇《座右铭》，时刻提醒自己，这就是后世流传的"十思"：量思宽，犯思忍，劳思先，功思让，坐思下，行思后，名思晦，位思卑，守思终，退思早。

这"十思"意义十分明确。"量思宽，犯思忍"，就是要胸怀宽广，能够容忍别人的冒犯；"劳思先，功思让"，简而言之就是要吃苦在前，享受在后，把功劳都让给别人；"坐思下，行思后"，是一种谦恭的风范，要处处以别人为先；"名思晦，位思卑"，是指在谦虚之外还要韬光养晦，明哲保身；"守思终，退思早"，一是要有敬业精神，忠于职守，考虑下场，二是要尽量早点退休，安享晚年，不贪图朝廷的功名富贵。

第三篇
为百姓国事力行

晁错"削藩"引祸身

晁错（公元前200—前154），西汉文帝时的智囊人物，颍川（今河南禹县城南晁喜铺）人。汉文帝时，晁错因文才出众任太常掌故，后历任太子舍人、博士、太子家令（太子老师）、贤文学。在教导太子中授理深刻，辩才非凡，被太子刘启（即后来的景帝）尊为智囊。后因七国之乱，晁错被腰斩于西安东市。

秦始皇统一天下后，以战国诸侯并列、兵革不休为戒，于是废分封，行郡县，子弟皆为匹夫。西汉王朝建立后，汉高祖刘邦反其道而行之，大封同姓子弟为王。至高祖末年，同姓为王者九国。他的本意是考虑"天下初定，骨肉同姓少，故广强庶孽，以镇抚四海，用承卫天子也"，但事与愿违，诸侯王势力恶性膨胀，与汉王朝之间的矛盾日益尖锐。文帝时，已是"亲弟谋为东帝，亲兄之子西乡而击"。这种形势，使当时的一些有识之士如贾谊、晁错等人感到十分不安，并相继提出了对策。贾谊提出"众建诸侯而少其力"的办法，由于功臣集团和同姓王的抵制而未能全面实施。景帝即位后，晁错又成为当时削藩政策的主要制定者和实施者，后来竟为此献出了宝贵的生命。

晁错是西汉文景时代的政论家，颍川（今河南禹县）人，早年随张恢学申商刑名之术。以文学任太常掌故。曾受太常派遣，至伏生处学习《尚书》。不久，任为太子舍人、门大夫，迁博士、太子家令。晁错得幸于太子刘启（即景帝），号称"智囊"。

文帝时，晁错看到匈奴侵扰日益严重，商人兼并农民土地等问题严重，先后上书言兵事和守边备塞、劝农力本等急务。不久，晁错由平阳侯曹窋等联名举为贤良，因对策高第，迁中大夫。他又向文帝建议削夺诸侯王权力及更定法令，所言多能切中时弊，以此得到文帝的赏识。

景帝即位后，晁错擢为左内史，不久，迁为御史大夫。晁错得到景帝的信任，更定法30章，力求削夺同姓诸侯王的封地，以巩固中央集权。他在《削藩策》中明确指出："今削之亦反，不削亦反。削之，其反亟，祸小；不削之，其反迟，祸大。"

晁错奏请根据诸侯王罪过的大小削其支郡，遭到外戚窦婴的反对；他更定法令30章，更触犯了诸侯王的利益。晁错的父亲从家乡赶来，劝他不要"侵削诸侯，疏人骨肉"，以免树敌招怨。晁错却不以为然，明确回答："固也。不如此，天子不尊，宗庙不安。"

他父亲不由得叹息说："刘氏安矣，而晁氏危。"随即饮毒药自杀，说是"吾不忍见祸逮身"。

父亲的反对和自杀并没有动摇晁错削藩的决心。景帝根据他的建议，先后削赵王遂常山郡、胶西王印六县和楚王戊东海郡，并决定削夺吴王刘濞的封地。景帝三年（公元前154年），吴楚七国借口请诛晁错以清君侧，终于发动武装叛乱。

七国之乱爆发后，景帝调兵遣将以遏制叛乱的势头，同时，为来势汹汹的叛乱感到不安。晁错建议景帝御驾亲征，自己留守京师。正当景帝举棋不定之际，晁错的政敌、曾任吴相的袁盎，在窦婴的唆使下，乘机向景帝建议斩晁错以谢诸侯。景帝遂拜袁盎为太常，出使吴国；同时授意丞相、中尉、廷尉等官员劾奏晁错："不称陛下德信，欲疏群臣百姓，又欲以城邑予吴，亡臣子礼，大逆无道。"根据这一无中生有的罪名，竟然判处晁错腰斩，父母妻子同产无少长皆弃市。景帝虽然批准了这一判决，却无法消除心头沉重的负罪感，只好让中尉哄骗晁错。结果，晁错穿着朝衣被斩于东市。

晁错虽然被冤而死，吴楚七国却丝毫没有罢兵的迹象。一天，校尉邓公从平叛前线返回向景帝报告军事，君臣之间有这样一段对话。

上问曰："道军所来，闻晁错死，吴楚罢不？"

邓公曰："吴为反数十岁矣，发怒削地，以诛错为名，其意不在错也。且臣恐天下之士噤口，不敢复言矣。"

上曰："何哉？"

邓公曰："夫晁错患诸侯强大不可制，故请削之，以尊京师，万世之利也。计画始行，卒受大戮，内杜忠臣之口，外为诸侯报仇，臣窃为陛下不取也。"

景帝喟然长叹曰："公言善，吾亦恨之。"

晁错"为国远虑，祸反及身"，令世人叹息，志士扼腕。后来，《汉书》作者班固感叹说："晁错锐于为国远虑，而不见身害。其父睹之，经于沟渎，亡益救败，不如赵母指括，以全其宗。悲夫！错虽不终，世哀其忠。"

■故事感悟

"为国远虑，而不见身害""世哀其忠"，可以说是历史对晁错的中肯评价。但他懂得未雨绸缪，可谓忠臣中的代表人物，值得我们效仿学习。

晁错为国出谋划策

在汉文帝一朝，晁错除了辅佐太子外，还对当时国家大事发表意见，提出建议。这些意见和建议大都切合实际，见识深刻，不但在当时起到了积极作用，而且对后世也产生了深刻的影响。如《言兵事疏》《守边劝农疏》《贵粟疏》和《举贤良对策》等，都是当时杰出的政论文。

文帝十一年（公元前169年），匈奴侵扰狄道，陇西军民以少击众，打败了匈奴军队。晁错乘机向文帝上了《言兵事疏》，对过去的历史经验和当时的事实进行总结，论述了抗击匈奴的战略和策略。他论述了战争中激励士气和选择良将的重要性，着重分析了战争中地形、士卒训练有素、武器锋利三者之间的关系。他举例说，水沟沼泽、山地丘陵宜于步兵作战，战车、骑兵二不当一；平原广野，宜于战车、骑兵作战，步兵十不当一；河流山谷地区，高下相临，宜用弓箭，短武器百不当一；两军逼近，平地交战，宜用长戟，剑盾三不当一；道路曲折隐蔽，狭隘、险要之地，宜用剑盾，弓弩三不当一。这讲的是地形与兵器使用的关系。士兵不经过挑选和训练，作风拖拉，行动不齐，战机有利时不能及时赶到，不利时不能迅速转移，不能听从指挥，这样的军队百不当十。由此，他得出结论说：武器装备不精良，等于把士兵断送给敌人；士兵不会作战，等于把将领断送给敌人；将领不懂用兵，等于把君主断送给敌人；君主不善于选择良将，等于把国家断送给敌人。这四项是军事上的要领。

晁错还具体分析了汉军和匈奴军双方的长处和短处，指出匈奴军有"三长"，汉军有"五长"，提出应以己之长击敌之短。同时他指出，汉朝地广人众，可兴数十万之师，以十击一。

晁错还建议争取少数民族共同抗击匈奴，如义渠等族来归附的有几千人，生活习俗与长处和匈奴相同，可以发给他们精良的武器装备，并派熟悉他们习惯并能团结他们的良将去统帅他们，让他们把守险阻的地方；而平地要道则派汉军守卫。这样可以使两者相互配合，发挥各自长处，这就是万全之术。

■文苑拾萃

晁错论

（宋）苏轼

天下之患，最不可为者，名为治平无事，而其实有不测之忧。坐观其变，而不为之所，则恐至於不可救；起而强为之，则天下狃於治平之安而不吾信。惟仁人君子豪杰之士，为能出身为天下犯大难，以求成大功；此固非勉强期月之间，而苟以求名之所能也。

天下治平，无故而发大难之端；吾发之，吾能收之，然后有辞於天下。事至而循循焉欲去之，使他人任其责，则天下之祸，必集於我。

昔者晁错尽忠为汉，谋弱山东之诸侯，山东诸侯并起，以诛错为名；而天子不以察，以错为之说。天下悲错之以忠而受祸，不知错有以取之也。

古之立大事者，不惟有超世之才，亦必有坚忍不拔之志。昔禹之治水，凿龙门，决大河而放之海。方其功之未成也，盖亦有溃冒冲突可畏之患；惟能前知其当然，事至不惧，而徐为之图，是以得至於成功。

夫以七国之强，而骤削之，其为变，岂足怪哉？错不於此时捐其身，为天下当大难之冲，而制吴楚之命，乃为自全之计，欲使天子自将而己居守。且夫发七国之难者，谁乎？己欲求其名，安所逃其患。以自将之至危，与居守至安；己为难首，择其至安，而遣天子以其至危，此忠臣义士所以愤怨而不平者也。

当此之时，虽无袁盎，错亦未免於祸。何者？己欲居守，而使人主自

将。以情而言，天子固已难之矣，而重违其议。是以袁盎之说，得行於其间。使吴楚反，错已身任其危，日夜淬砺，东向而待之，使不至於累其君，则天子将恃之以为无恐，虽有百盎，可得而间哉？

嗟夫！世之君子，欲求非常之功，则无务为自全之计。使错自将而讨吴楚，未必无功，惟其欲自固其身，而天子不悦。奸臣得以乘其隙，错之所以自全者，乃其所以自祸欤！

张汤力主改革

张汤（？—前116），西汉著名政治家。因治陈皇后和淮南、衡山二王谋反之事，得到武帝赏识，先后晋升为太中大夫、廷尉、御史大夫。与赵禹编定《越宫律》《朝律》等法律著作。张汤用法主张严峻，常以春秋之义加以掩饰，以皇帝意旨为治狱准绳。也曾助武帝推行盐铁专卖、算缗告缗，打击富商，翦除豪强，颇受武帝宠信，多行丞相事，权势远在丞相之上。元鼎二年十一月（公元前115年12月），因御史中丞李文及丞相长史朱买臣的陷害，被强令自杀。张汤死后，家产不足500金，皆自得俸禄及皇帝赏赐。张汤虽用法严酷，后人常以他作为酷吏的代表人物，但他为官清廉俭朴，不失为古代廉吏。

张汤从事政治活动的年代，正是西汉王朝由无为转向有为而臻于鼎盛的时期。

汉武帝即位后，乘国家富足，为了克服西汉初年社会积弊，进一步加强统一、专制主义中央集权的封建国家，于是外御匈奴，强化法制，在政治、经济领域推行了一系列改革。而张汤正是制订和推行这些改革

措施的主要人物。

张汤是杜陵（今陕西西安东南）人，早年受父亲熏陶，学习律令，曾任长安吏、内史掾和茂陵尉，因丞相田蚡推荐，得补侍御史。张汤因参与陈皇后巫蛊狱和淮南王、衡山王、江都王谋反案件的审理而崭露头角。当时严助、伍被受到谋反事件的牵连，汉武帝爱惜两人才能，想予以宽赦，但张汤坚持从严惩处。他认为："伍被本造反谋，而助亲幸出入禁闼，腹心之臣，乃交私诸侯如此，弗诛，后不可治。"以此大受武帝赏识，官至御史大夫。

武帝时，国家多事，西汉初年萧何主持制定的《九章律》已不能适应形势需要，于是武帝命张汤和赵禹共同编定法律，制定了《越宫律》《朝律》和见知故纵、监临部主之法。

根据汉代的制度，御史大夫是丞相的副手，但由于张汤的才干和勤勉，他的权势和地位远远超过了丞相。武帝元朔、元狩年间，由于连年出击匈奴，加上徙关东贫民72.5万人口于西北边郡，财政用度不足，豪强富商又乘机兴风作浪，不佐国家之急，于是，张汤协助武帝改革币制，实施盐铁官营，算缗告缗，打击富商大贾，诛锄豪强兼并之家。每次朝会，他与武帝商谈国家大事，武帝常常忘记吃饭，因此当时流传着这样一句话："天下事皆决汤。"一次张汤生病，武帝亲自驾临张汤家中探视，可见张汤的显贵。

元鼎二年，由于丞相长史朱买臣等人的陷害，张汤被迫自杀。他在遗书中悲愤地写道："汤无尺寸功，起刀笔吏，陛下幸致位三公，无以塞责。然谋陷汤罪者，三长史也。"

张汤死后，家产不过500金，皆得自俸赐。子女打算厚葬张汤，张汤母亲却说："汤为天子大臣，被污恶言死，何厚葬乎！"于是载以牛车，有棺而无椁。武帝得知此事后说道："非此母不能生此子。"

"天下事皆决汤。"一个心怀天下贫苦百姓的人，虽为奸人陷害而被迫自杀，但他的事迹流传千古，受后世敬仰。只有心中怀有天下人，天下人才会记住他，正所谓"先天下之忧而忧"。做个心中有大志、脑中有智慧的人，才是我们最重要的事。

张汤审鼠

张汤小的时候，家住长安东南。父亲在城里担任地方司法官，经常审理一些诉讼案件。张汤受父亲的影响，十一二岁就对法律产生了浓厚的兴趣。

有一次，父亲因事外出，临走时一再嘱咐张汤好好看家。结果，张汤被一本有趣的书迷住了，没留意，让老鼠把盘里的肉偷走了。父亲回来知道后，大发脾气，把张汤打了一顿。

张汤恨死了这个偷肉贼，发誓要把它"捉拿归案"。他找来一把小铲，挖遍屋内的鼠洞，终于把偷肉的老鼠逮住了。本来，张汤想一下子把老鼠掼死，可转念一想，又觉得这样太便宜它了。于是，他把老鼠用绳子拴住，连同老鼠吃剩下的肉一起摆在石阶上，一本正经地开始了审问。老鼠自然不会答话，张汤就用木片把它夹住，动起刑来了，疼得老鼠吱吱怪叫。最后，张汤以劫掠罪判处老鼠死刑，亲手用锋利的斧头把它剁成了碎块。

父亲看到张汤审鼠的情景，起初觉得挺可笑，可取过诉状仔细一看，不禁大吃一惊。那有声有色、有根有据的文辞，简直像是出自一位老练的办案人员之手。

从此，父亲开始有意识地教儿子学习办案断狱。张汤肯用功，爱钻研，进步得很快。后来，他真的成了一名司法官，审理了许多大案要案。

□ 文苑拾萃

咏史上·张汤公孙弘

陈　普

张汤绝似公孙子，一样奴颜裹祸心。
不赖汲生如日月，汉廷谁与破幽阴。

刘向为国敢谏言

刘向（公元前77—前6），原名更生，字子政，沛县（今属江苏）人，西汉经学家、目录学家、文学家。刘向的散文主要是奏疏和校雠古书的"叙录"，较有名的有《谏营昌陵疏》和《战国策·叙录》。刘向著书作文叙事简约、理论畅达、舒缓平易。

西汉王朝至汉武帝时臻于鼎盛，武帝晚年虽呈危象，但由于调整得法，昭、宣时一度恢复生机，号称"中兴"。只是好景不长，自元、成之后，已是"无可奈何花落去"，西汉王朝衰亡的趋势不可逆转。所以，人们历来把元、成两代看作西汉由盛而衰的转折点。为此，统治阶级内部的"救亡"活动此起彼伏，刘向就是其中著名的代表人物之一。

刘向本名更生，字子政，是汉初同姓诸侯王楚元王刘交的四世孙。刘向以父任为辇郎，擢谏大夫，宣帝时献赋颂凡数十篇。曾参与石渠阁议，讲论《五经》异同。元帝好儒，以太傅萧望之为前将军，少傅周堪为诸吏光禄大夫，他们皆领尚书事，甚见尊任。因萧、周推荐，刘向迁任散骑宗正给事中，与侍中金敞拾遗左右，四人同心辅政。然而，由于

元帝昏庸无能，外戚许氏和史氏在位放纵，中书宦官弘恭、石显居中弄权，两者勾结，极力排斥儒生官僚。刘向眼见朝政日趋腐败，以阴阳灾异推论时政，抨击外戚宦官干政。刘向曾说道：

"今陛下开三代之业，招文学之士，优游宽容，使得并进。今贤不肖浑殽，白黑不分，邪正杂糅，忠谗并进。……分曹为党，往往群朋，将同心以陷正臣。正臣进者，治之表也；正臣陷者，乱之机也。"

"夫乘权藉势之人。子弟鳞集于朝，羽翼阴附者众，辐凑于前，毁誉将必用，以终乖离之咎。"

元帝览书后无动于衷。弘恭、石显则与许、史朋比为奸，变本加厉。刘向以此被排陷，中废十余年。成帝即位后，刘向才以故九卿召拜为中郎，迁光禄大夫。当时成帝荒淫，外戚王氏掌权，刘向又一再上书论议朝政。

成帝曾诏令营起昌陵，劳民伤财，数年不成，复归延陵，制度泰奢，于是刘向上书谏净。书中追溯丧葬制度的变化，排比历代君主厚葬薄葬的史例，总结出这样一条规律：

是故德弥厚者葬弥薄，知愈深者葬愈微。无德寡知，其葬愈厚。丘陇弥高，宫庙甚丽，发掘必速。

为了论证这一规律，刘向又以秦始皇修造骊山陵墓为例说道："自古至今，葬未有盛如始皇者也，数年之间，外被项籍之灾，内离牧竖之祸，岂不哀哉！"这里，把丧葬的厚薄与帝王本人的德操和知识水平联系起来，的确是很有道理的。随后，刘向笔锋一转，更直接指责成帝陵寝制度太奢给百姓带来的伤痛：

及徙昌陵，增埤为高，积土为山，发民坟墓，积以万数，营起邑居，期日迫卒，功费大万百余。死者恨于下，生者愁于上，怨气感动阴阳，因之以饥馑，物故流离以十万数，臣甚愍焉。以死者为有知，发人之墓，其害多矣；若其无知，又安用大？

刘向希望成帝以秦昭王、秦始皇"增山厚藏，以侈生害"为戒，而以汉文帝"去坟薄葬，以俭安神"为则，听从公卿大臣的建议，以息众庶。

刘向又针对当时"同姓疏远，母党专政，禄去公室，权在外家"的局面，上书极谏，抨击外戚王氏专政。他指出，"历上古至秦汉，外戚僭贵未有如王氏者也"。而王氏五侯"依东宫之尊，假甥舅之亲，以为威重。尚书、九卿、州牧、郡守皆出其门，筦执枢机，朋党比周。称誉者登进，忤恨者诛伤"。这样，"王氏与刘氏不并立"，成为刘姓统治的累卵之危。刘向希望成帝"黜远外戚，毋授以政，皆罢令就第"。成帝读了奏书，叹息悲伤其意，以刘向为中垒校尉，然而对刘向由衷痛陈的"强宗室，卑私门"的建议，却无下文。成帝多次想擢升刘向为九卿，亦因王氏及在位大臣的阻挠而终未能如愿。

■故事感悟

刘向为官前后30余年，未得升迁。综览刘向所上的数十通奏书封事，大致有三个特点：一是借说灾异，二是排比历史，三是评议时政。说灾异是当时风气使然，也是儒生谏诤议政的武器；排比历史是为了从历史中总结经验教训，作为帝王的鉴戒；而评议时政的目标，则是为了促使帝王能够体恤爱民。

□ 史海撷英

汉元帝平灭郅支

汉元帝刚即位的时候，匈奴郅支单于自以为与汉朝距离遥远，加之怨恨汉朝支持他的仇敌呼韩邪单于，就有与汉绝交之意，并且与康居王勾结起来，在都赖水（今恒逻斯河）畔兴建了一座郅支城（今江布尔），作为自己进一步扩张势力的基地。郅支将势力向西域发展，直接威胁汉朝在西域的统治。建昭三年（公元前36年），新一任西域太守对匈奴发动攻击，获得大胜。

至此，汉朝消灭了虎视西域的敌对势力。以后近40年，与西域维持着和平状态，中西交通也畅通无阻。

蒋御史舍身弹佞臣

刘瑾（1451—1510），本姓谈。陕西兴平人，明武宗时的太监，从正德元年到五年操纵朝政，是明代有名的权宦之一。6岁时被太监刘顺收养，后净身入宫当了太监，遂冒姓刘。孝宗时，犯死罪，得免。后侍奉太子朱厚照，即后来的明武宗。他与马永成、高凤、罗祥、魏彬、丘聚、谷大用、张永合成"八虎"。正德五年（1510年）被凌迟处死。

明朝的官制中设有监察官——御史，其职责为纠劾违法，批评弊端，上至皇帝，下至文武百官、军民百姓，均在其纠劾之中。御史虽然权力很大，其实只是七品小官。更何况制度虽有规定，执行起来就要得罪人。得罪了一般人还好说，倘若触怒了皇帝或者权贵，轻则丢官，重则可能招致杀身之祸。因此，尽管御史的职责很清楚，但真正能够尽职尽责的很少。

正德初年，有一位名叫蒋钦的御史，便是个不顾身家性命、以国事为先的尽职尽责的官吏。

蒋钦，字子修，常熟人，正德初任南京御史。

正德皇帝即位之初，在他做太子时的几个旧太监得到了宠幸，其中

最得势者以刘瑾为首，还有马永成、高凤、罗祥、魏彬、丘聚、谷大用、张永，人称"八虎"。他们"日进鹰犬、歌舞、角觚之戏，导帝微行"，并以此得到了皇帝的信任。

廷臣们得知刘瑾等人诱导皇帝游宴、不理政事的情况后，深感不安。大学士刘健、谢迁、李东阳等人上书骤谏，结果不但没有扳倒刘瑾，刘健、谢迁反被逐出内阁。从此，刘瑾的气焰更加嚣张。

这件事使蒋钦深为气恼。身为御史，他自然要与同仁们一起出来讲话，这一下也惹恼了刘瑾，他下令将蒋钦逮下诏狱，廷杖为民。蒋钦虽然丢了官，却没有忘记御史的职责。他出狱回到家中第三天，便再次上疏给皇帝。

> 刘瑾，小竖耳。陛下亲以腹心，倚以耳目，待以股肱，殊不知瑾悖逆之徒，蠹国之贼也。……通国皆寒心，而陛下独用之于前后，是不知前后有贼，而以贼为腹心也。一贼弄权，万民失望，愁叹之声动彻天地。陛下顾懵然不闻，纵之使坏天下事，乱祖宗法。陛下尚何以自立乎？幸听臣言，急诛瑾以谢天下，然后杀臣以谢瑾。使朝廷一正，万邪不能入；君心一正，万欲不能侵，臣之愿也。今日之国家，乃祖宗之国家也。陛下苟重祖宗之国家，则听臣所奏。如其轻之，则任瑾所欺。

疏入，又被杖责三十，入狱。入狱后第三天，蒋钦第三次奋笔上疏。

> 臣与贼瑾势不两立。贼瑾蓄恶已非一朝，乘间起衅，乃其本志。陛下日与嬉游，茫不知悟。内外臣庶，凛如冰渊。臣昨再疏受杖，血肉淋漓，伏枕狱中，终难自默，愿借上方剑斩

之。……臣骨肉都销，涕泗交作，七十二岁老父，不顾养矣。臣死何足惜，但陛下覆国丧家之祸起于旦夕，是大可惜也。陛下诚杀瑾枭之午门，使天下知臣钦有敢谏之直，陛下有诛贼之明。陛下不杀此贼，当先杀臣，使臣得与龙逢、比干同游地下，臣诚不愿与此贼并生。

从疏文中不难看出，蒋钦当时是抱定了必死决心的。果然，疏入后，蒋钦再次被杖责三十，杖后三日死于狱中，年仅49岁。

据人们传说，蒋钦第三次上疏时，在灯下微微听到鬼声。他知道上疏必遭奇祸，这大概是先人之灵想来阻止他。蒋钦整理衣冠，站起来说道："业已委身，义不得顾私，使缄默负国为先人羞，不孝孰甚！"他坐下来，奋笔草疏，说道："死即死，此稿不可易也！"

蒋钦被害4年后，刘瑾以谋逆罪伏诛。蒋钦终得昭雪，赠官光禄少卿。

■故事感悟

蒋钦听鬼声的故事大概是出自人们的附会，而这也正反映了人们对蒋钦的钦佩。因此后人称赞道："谏臣之职，在纠愆弼违。诸臣戒盘游，斥权悻，引义力争，无忝厥职矣。"以国事为先，才是真正的大义。

■史海撷英

刘瑾恶贯满盈遭凌迟

刘瑾的专权使朝政混乱，他的索贿受贿也直接导致了地方矛盾的激化。官员们向他行贿后，必然要加重剥削百姓，逼得百姓走投无路，只好反抗。在刘瑾被处死后仅仅几个月，京城地区便发生了刘六刘七起义。

刘瑾在权势的路上越走越远，最后竟动了篡位之心，企图寻机夺位。但是，刘瑾只顾自己作威作福，没想到其他的"七虎"正注视着他的一言一行。因为以前他们向刘瑾要权办事时，刘瑾总是不肯照顾，时间一长，矛盾便逐渐激化。

1510年4月，武宗派都御史杨一清和"八虎"之一太监张永去平定安化王的叛乱。叛乱平定之后，在向武宗报告战况时，揭发了刘瑾的17条大罪。武宗不禁大吃一惊，命人将刘瑾抓捕审问。第二天，武宗亲自出马，去抄刘瑾的家，结果发现了印玺、玉带等禁止百姓和官员私自拥有的物件。在刘瑾经常拿着的扇子中也发现了两把匕首。武宗大怒，终于相信了刘瑾谋反的事实。

当年的八月，刘瑾被处以凌迟刑，即千刀万剐，共行刑三天。在封建社会，除非谋反、杀父母亲等属于"十恶"的大罪，一般的死刑犯要等到秋天的霜降以后，在冬至以前才能处死。这是顺应天时，而春天万物生长的时候禁止行刑，也禁止捕杀幼小的鸟禽和走兽。但刘瑾属于谋反的第一重罪，所以不等到秋天的霜降到来就行刑了。原来受过其害的人家纷纷用一文钱买下刘瑾已被割成细条块的肉吃下，以解心头之恨。

■文苑拾萃

《明通鉴》

《明通鉴》是继宋代司马光《资治通鉴》和清代毕沅《续资治通鉴》之后的明代编年史。作者清人夏燮，字甫，别号江上蹇叟，安徽当涂人。道光年间曾任直隶省（今河北）临城县训导，咸丰十年（1860年）入两江总督曾国藩的幕府，后又任永宁知县。《明通鉴》共100卷，其中前编4卷，纪明太祖未即位时之史事，始自元顺帝至正十二年（1352年），止于至正二十七年（1367年）；正编90卷，始于明太祖洪武元年（1368年），止于庄烈帝崇祯十七年（1644年）；附编6卷，始于崇祯十七年五月明福王在南京称帝，止于清康熙三年（1664年）。前后总计312年。

康熙帝六下江南

爱新觉罗·玄烨（1654—1722），俗称清圣祖，为康熙皇帝。因为明清之帝王大多只有一个年号，因而往往以年号代称帝王。康熙也是在位时间最长的皇帝，在位61年。

康熙继位时只有8岁，在其祖母太皇太后孝庄文皇后的帮助下，在康熙八年赢得了与顾命大臣鳌拜的斗争，开始真正亲政。

清圣祖（即康熙皇帝）在康熙二十三年（1684年）、二十八年（1689年）、三十八年（1699年）、四十二年（1703年）、四十四年（1705年）和四十六年（1707年），先后6次下江南，即由京师（今北京）启程，沿途经天津、德州、禹城、济南、泰安、曲阜、宿迁、淮安、扬州、仪征、镇江、江宁（今南京）、无锡、苏州、松江（今上海）、杭州，最远到达绍兴。这就是历史上著名的"康熙南巡"。

历史上，许多朝代的皇帝也都有出巡之举，然而多数是游山玩水，到处享受，这里尤以明朝皇帝最为突出。与之相反，清圣祖的频频出巡则是以国事为先，是为了深入民间了解情况，处理政务，以自己的辛劳换取政治局面的稳定。在他以8年时间平定了三藩叛乱，

并于康熙二十二年（1683年）统一台湾以后，由明清之际开始的地主阶级与农民阶级、满汉统治阶级间的斗争和角逐终于暂时告一段落。耳闻目睹这一时期历史的清圣祖，为使清廷的统治日趋稳定，阶级矛盾进一步缓和，采取了一系列措施来发展社会生产。他的六下江南，正是为保证这些措施得以贯彻执行而采取的行动，其目的是非常明确的。

巡视河工，治理河患，以发展农业生产，安定人民生活，这是清圣祖南巡的目的之一，也是他六下江南的主要活动内容。明末清初，因战乱频仍，黄河多年失修，泥沙淤垫，河高于地，至康熙初年到处溃决。特别是黄河下游的河道从河南开封、商丘南下，经江苏的徐州、宿迁之时，黄、淮两河在清口交汇。由于黄强淮弱，淮不敌黄，造成黄水倒灌。黄、淮二水犹如脱缰的野马，一起涌入运河，破坏运道，影响漕运，殃及人民，"河患之深，日甚一日"。

清圣祖自听政以来，就把治河作为他的三大国事之一，并"书而悬之宫中柱上"，以表达治理河患之决心。他于康熙十六年（1677年）任命实心任事而又肯于钻研河务的安徽巡抚靳辅为河道总督。靳辅在幕僚陈潢的全力襄助下，经过数年的努力，于康熙二十二年（1683年）使徐州以下黄河归了故道。不料，次年山阳、清河等五县的河水再次冲决堤岸。这一反复使清圣祖认识到，欲知"险工修筑之难"，必须"身历河工"。于是，这一年的十月他首次南巡，来到治河重镇宿迁，通过亲临工地视察，作出了开挖海口、疏泄下河地区积水的决定，并告诫靳辅治河要兼顾"运道民生"。一个皇帝能够亲临治河第一线，这在中国历史上还是不多见的。

康熙二十八年，清圣祖在第二次南巡时，认真听取了靳辅等人的汇报，充分肯定了靳辅的下述主张：筑长堤束水入海，筑重堤控制洪泽湖水，不使其漫溢七州县，保护人民的生命财产。

但是，自靳辅在康熙三十一年（1692年）病逝后，继任的几位河臣均不称职，使河堤再度出现险情。于是，清圣祖在平定准噶尔部噶尔丹的叛乱后，于康熙三十八年第三次南巡视河。在这次南巡中，清圣祖对河堤败坏情况进行了详细勘察，并深入工地，亲自用水平仪对堤岸进行测量。在此基础上，他提出了筑坝与深挖河身并行的方案，并且强调工程要点是挑浚清口，使清水即准河水畅流，减少黄水倒灌的机会，从而避免下河田地"悉被淹没"之害。他的孙子清高宗乾隆后来对此方案极为赞赏，称之为"实釜底抽薪之良策"。但由于治河大臣于成龙的阳奉阴违，这一方案未得到执行。

康熙三十九年，于成龙病故。继任河督的张鹏翮虽治河本领不及靳辅，但勤于职守，且能一切遵照圣祖指示办事。他指挥河工将高家堰六坝堵闭，提高了洪泽湖的水位，顶住了黄河，从而使运河不致有倒灌之患。康熙四十二年，清圣祖第四次南巡视河时，看到这一情况后高兴地指出："此河工所以告成也"。并鼓励张鹏翮再接再厉。

不料，康熙四十三年，黄河又发生溃决现象，次年清圣祖第五次南巡，谆谆告诫张鹏翮说："高家堰最关紧要，宜谨志之，毋忽！"

此后，张鹏翮为防止洪泽湖水侵入安徽泗州（今泗县）、盱眙，便与江西江南总督阿山设计了一项新的治河工程，"于泗州之西溜淮开河，使淮水分流"，并报告了清圣祖。圣祖接到奏疏后，于康熙四十六年第六次南巡。

这年二月，圣祖骑马查看溜淮套地形和水情，亲自测量地势高低及河水水位、流量，发现溜淮套地形较高，在这里挖河不仅很难使所泄淮水排出清口，而且要占用大量民田，毁坏百姓坟茔，会激起民怨，"是

平静无事之时，多此一事，不惟无益而反有害矣"。于是下令停止此项工程。当地百姓得此消息，"群情欢悦，不胜鼓舞感激"。可见，安定民生是清圣祖南巡治河的另一个重要目的。

咨访吏治民情，团结笼络江南地主士大夫，这是清圣祖南巡的目的之二。清初，由于多尔衮及顺治帝对江南汉族地主士大夫的反抗采取了高压政策，使当地的民族矛盾和统治集团内部斗争十分激烈。清圣祖根据即位后社会形势的变化，竭力促进社会的稳定。他每次南巡，都不辞劳苦，谒明太祖陵、拜禹陵、谒孔庙，以迎合汉民族的心理。同时，为扩大汉族士大夫的入仕之途，还广增学额，亲自召见因病居家或因得罪满族大学士而被罢职的勋旧老臣及有名的文人学士，或赐诗书、银两，或赐亲笔匾额和官服，以示恩宠。

清圣祖南巡时，还非常注意"省方察吏"，了解民情。例如，在他第六次南巡时，因对张鹏翮和阿山制订的损害百姓利益的工程计划十分恼怒，下令将阿山革职，张鹏翮削去太子太保头衔。又如，第二次南巡时，"有苏州士民刘廷栋、松江士民张三才等伏地进疏，请减苏、松浮粮，命侍卫收进，谕九卿科道会议"。之后，他对江南多次实行"恩蠲"。仅第三次南巡时，就下令蠲免了淮扬地区19万漕赋、11万石米，又命户部截漕粮10万石，发往重灾区低价粜卖。这对于安定民心起到了十分重要的作用。

□故事感悟

清圣祖六下江南，是其勤于政务的突出表现，具有较为深远的意义。据史书的记载，他治河颇有成效，以致黄河数十年后无大患。黄河的安澜既减少了社会危机，促进了社会安定，又发展了社会生产，为之后"康乾盛世"的出现奠定了基础。

康熙亲征朔漠，和善蒙古

蒙古曾经分为三大部分，即漠南蒙古、漠西蒙古和漠北蒙古。经过努尔哈赤和皇太极两代人的努力，漠南蒙古完全臣服。漠西蒙古就是准噶尔蒙古。准噶尔的噶尔丹曾率领军队南进，威胁了中央王朝，康熙御驾亲征，打败了噶尔丹。对于漠北蒙古，康熙通过一系列的笼络措施便完全解决了喀尔喀蒙古，也就是外蒙古。所以康熙说："昔秦兴土石之工，修筑长城，我朝施恩于喀尔喀，使之防备朔方，较长城更为坚固。"中国从秦汉时的匈奴到明朝，蒙古这个历史难题2000年来都没有解决，而康熙把这个问题解决了，这是一个历史贡献。

朱轼率民修海塘

朱轼（1665—1736），字若瞻，又字伯苏，号可亭，谥文端。他是前清名臣，历仕康熙、雍正、乾隆三朝，官至太子太傅、文华殿大学士，兼吏兵二部尚书，为乾隆帝师。朱轼居官廉洁，刚正不阿，世人颂其"束其励行，通经史百家"。他卒后次年归葬故里，乾隆帝御赐"帝师元老"。

清雍正二年（1724年）七月，浙江沿海遭受了狂风暴雨的袭击，"海潮泛溢，冲决堤岸，沿海州县，近海村庄，居民田庐，多被漂没"。灾情上报后，雍正帝于八月二十四日下令安抚灾民，抢修海塘。浙江杭州湾一线，旧有防止海潮的海塘工程，"民安危依塘为命"，因此，抢修海塘已成为当务之紧。雍正帝几次命令浙江主管官员认真查勘被毁海塘，作速兴工。但是，数月之后，竟连抢修方案"全无定见"。雍正帝"恐贻误塘工"，遂于十二月初四派吏部尚书，前任浙江巡抚朱轼驰驿前往，全面负责抢修事宜，并寄予厚望："尔曾为浙江巡抚，必深悉事宜。……朕思海塘关系民生，务要工程坚固，一劳永逸。"雍正帝之所以选中朱轼来承担这项艰巨的任务，是由于朱轼不仅"规划大计务详尽"，而且事事以国事为重，"于生民利弊尤倦倦"。

朱轼，字若瞻，江西高安人，康熙三十三年（1694年）进士，历官知县、主事、郎中、通政使、巡抚、尚书。朱轼为官，勤于政务，"幕中不延宾佐，每早起治事，手书口答，至丙午不休"。他在康熙末年任浙江巡抚时，鉴于海塘工程年久失修，曾积极建议并组织修筑了杭州湾北侧一线的海塘，"功成，氓庐大安"，他也因此而名声大著。后奉调进京，兼任吏部尚书。

这次，在海潮造成的严重灾害面前，朱轼又承担了抢修海塘的任务，而且是在其他官员无能为力的情况下挂帅的，这无疑是对他的一次考验。朱轼没有考虑个人得失，想到的只是如何不负皇上的重托，使浙江沿海居民早得安枕。他曾多次谈论"生民休戚"与"历朝治乱"的关系，身为朝廷官员，把百姓疾苦与国家安危联系在一起。

朱轼受命之后，立即动身赶赴浙江，并亲临塘工现场。他不仅逐段观察被毁海塘，还向当地官员、临塘百姓了解情况，征求抢修方案。在经过详细调查，并会同地方官研究后，朱轼一面积极准备抢修物资，一面又将修筑方案上呈雍正帝。其抢修方案是：浙江余姚以西至临山卫的三道土塘，旧为民间修筑，今百姓无力，应动帑兴修；临山卫至会稽沥海所，土塘7000丈，应以石为基，就石累土；海宁一带土塘766丈，应加宽，并覆条石于上，塘外再加乱石子塘一道；海盐一带石塘圮80余丈，溃70余丈，应补筑；共需用帑银15万两。另外，朱轼还建议修筑松江一带海塘。雍正帝十分赞赏这一抢修方案，立即予以批准。后来，朱轼奉命回京，筹划京畿水利营田事。尽管他没能亲自督修，但由于他提出的抢修方案切实可行，并事先从邻近各省筹集了大量的木、石、竹、草等筑塘物资，因此工程进展顺利。雍正四年（1726年）八月，浙江海塘抢修工程告竣。

朱轼两次修海塘，都取得了明显的效果，他也因此时时把修筑海塘的事挂在心头。雍正十三年（1735年），浙江海塘又有一些段落被冲决，曾参与修筑海塘的官员们多推诿，意见不合。雍正帝再次征求朱轼的意见，朱轼毫不犹豫，当即表示："事难遥度，愿亲往办治。"这时，他已是71岁的老人了，但仍把这关系国计民生的大事放在第一位。雍正帝"大喜，命督抚及总理塘工诸大臣悉听节制"。不料，朱轼在前往浙江途中适逢雍正帝去世，乾隆帝将其召回。不久，朱轼也病故，终未能三临海塘。但是，朱轼两次组织修筑的海塘经住了时间的考验。直到乾隆初年，大学士张廷玉谈及浙江海塘时，仍称"惟公（指朱轼）所筑，至今无患"。

■故事感悟

雍正年间修筑海塘一事，一直为后人视为清政府的一大德政。无疑，这里凝聚着朱轼的心血，记录着他的功绩。人们每次见到浙江海塘时，便会想起这位值得纪念的人物——朱轼。

■史海撷英

朱轼轶事

朱轼在高安可算是一位家喻户晓的显赫人物，他1665年生于高安村前艮下朱家的清贫人家。朱轼从小聪敏勤学，7岁时，有人指木匠锯板，叫他作"八股文"的"破题"，他应声答道："送往迎来，其所厚者薄也。"破题是八股文的开头部分，要为圣人立言，要提起下文。朱轼的破题从表面上看，讲的是锯板，送过去拉过来，使厚的木材变成薄板；从句里面的意思看，破题中活用了古人的话，也可理解为人情冷暖，随着地位情况的变化，深厚的友情也会变得淡薄。这就含有更多的哲理，为下文的展开进行了铺垫。族中长老为此称之为"千里驹"了。

■文苑拾萃

赐尚书朱轼

（清）雍正

高岳生良佐，兴朝重老臣。
南宫持藻鉴，北斗秉权衡。
忠岂惟供职，清能不近名。
眷言思共理，为国福苍生。

桂超万勤于政务

桂超万(1784—1863),字丹盟,安徽贵池人。道光十三年
(1833年)进士,署阳湖知县,累至福建按察使,卒于官。桂超万
著有《敦裕堂古文》4卷,《养浩斋诗稿》9卷,续稿5卷,《宦游
纪略》6卷。

清朝后期,有一位以"尽心民事"而著称的地方官,他就是桂超
万。桂超万是道光十三年(1833年)进士,两年后始署江苏阳湖县(今
属常州市)知县。这时他已经50岁了,然而,桂超万不负使命,一上任
即竭力办理地方政务。他针对该县讼师借端敲诈,以致冤狱不断的情
况,严惩讼师,并及时处理了一起冤案,惩办了真凶。他还下令革除地
方一切宿弊。桂超万上任仅月余,阳湖吏治就有了明显变化。时任江苏
巡抚的林则徐对桂超万的工作十分赞赏,在看了他的工作日记及理讼记
录后评价说:"在任四十日,便行出许多善政。判语可入《资治新书》,
洵能以经术为治术者。"遂正式补授荆溪县(今江苏宜兴)知县。

桂超万自50岁入仕,至80岁卒于任,30年内,先后任官江苏、直
隶、福建,历任知县、知府、粮储道、河务同知、按察使等职。他不论

在何地任何职，都能以国事为先，尽职尽责。作为统治阶级中的一员，他也参加过对农民起义的镇压，但在封建官吏中能够像他那样尽心民事的人还是不多见的。他办理政务，"不假幕吏"，即使到晚年"积劳成疾，犹伏案治事，无间昼夜"。

桂超万任地方父母官时，做了许多利民之事，在栾县任职时就很突出。当时的栾县盗匪成患，而且多藏身于各县交界处。桂超万以安民为己任，"捕盗不分畛域，每于邻邑交界处破贼巢，盗风息"。境内安定之后，他又利用农隙之际，召集民夫疏浚洨河、金水河、城河，并通沟洫，使"水潦无患"。他还根据当地的自然条件，劝农植树、养畜、修井、粪田，并推广种植薯芋之法以备荒。按照清朝的役法规定，例以田亩多少派役，而以往衿绅之户"多不应，而专责之民"，地方官也只得听之任之。桂超万下令，衿户照在官人数优免不得超过30亩，从而减轻了平民百姓的负担。另外，桂超万还平整道路，出资修复了龙岗书院，于四乡设义学，用以化导乡民。

桂超万对处理讼诉案件一向十分认真，从不将审案之事委于他人，总是认真调查，亲加审讯。为避免引供、诱供而造成冤狱，他"创朱问墨供法，详审得情，案无留牍"，使时人称颂。他任扬州知府时，惩治了害民的衙蠹、讼师，凡有"讼于府者，一讯即结"。他任苏州知府时，也是有案"必亲讯，无留滞"。后因调署道台，案卷堆积如山，待其回任后，"穷源清厘，至岁除，犹听断弗辍"。

桂超万在任北运河务同知时，又一心扑在河工上。他不仅注意疏通河道，还利用时间带领属员沿河补植柳树，以固堤岸，从而保证了运河的畅通无阻。

桂超万任官时，正值鸦片战争前后，外国的入侵使海防十分危急。当时，朝廷的有识之士都主张加强海防以御敌，桂超万也将这项国家大

事系于心头。道光二十一年（1841年），鸦片战争已爆发，南方战事紧急，北方各海口均戒严。当时，桂超万任直隶丰润县知县。丰润有涧河等两河可通海，桂超万"甫下车，即驰往设备"。他召募乡勇，操练技艺，演习阵法，并且亲自督练，还将渔民中善以枪打鸭者组织起来，以备水战。

■故事感悟

由于桂超万能以国事为先，勤于政务，因此虽几次离任，又都被重新起用。直隶总督讷尔经额对他的评价是"持躬廉谨，尽心民事，惠政及人，舆情爱戴"。应该说，这也是桂超万名载史册的主要原因。

■史海撷英

道光通宝

道光通宝钱径一般2.2~2.4厘米，重2.5~3.6克。钱文"道光通宝"四字以楷书书写，从上而下自右而左直读。钱背是记有宝局二十名的满文。"道光通宝"形制特点基本与嘉庆钱相同，所不同者只是新疆阿克苏、库车因缺少黄铜而开始铸折五当十升值平钱，这是清代虚值大钱的滥觞。"道光通宝"只少数钱背有星月纹以及记地、记年、记值的汉字。在制作上，"道光通宝"粗疏，除户、工二部宝泉、宝源二局所铸形态稍整外，各省所出的质地都很粗劣，加以私铸劣钱充斥，因而大小不一，轻重悬殊。除新疆红钱两种外，几乎没什么稀罕之品。

林达泉恪守职责

　　林达泉（? —1878），字海巖，广东大埔人。清末有名的循吏，咸丰十一年举人，江苏巡抚丁日昌辟佐幕府。

　　林达泉生活在清朝末年，内忧外患的国家使他决心为国分忧。他渴望国富民强，以御外侮。早在任江苏巡抚丁日昌幕僚时，他便留心经济，每论古今舆图、武备及海外各国形势，"历历如指掌，日昌雅重之"。自任官之后，他更是时时以国事为重，"勤于吏事"。他曾任官多地，无论在何处，凡"利民之政，知无不为"，可谓尽职尽责。

　　林达泉初署江苏崇明（今属上海市）知县时，一上任便兴利除弊。崇明四面环海，地方疲敝，他积极组织修筑城垣，疏浚河渠，修建桥梁，又筹办书院，设同仁、育婴堂，努力发展生产，安定人民生活。他还下大力气革除害民之陋规，清理积狱，以除百姓之苦。"县俗善讼"，前任者多"不治事"，以致"案牍垒集，积盈架档"。林达泉接手时，书吏曾直言相告，并以此试探他的态度。第二天，他便开堂审案，并让百姓入观。他的认真态度以及精细的审案过程使书吏大为惊叹，认为"老吏弗如"。不数日，"词讼杀减，民志率服"。由于林达泉尽职尽责，崇

明的情况很快有了好转，百姓安居。有人问他何以有如此政绩，他回答说："吾无他术，一坦诚相与耳。"他正是以这种精神赢得了百姓的信赖。待其调任他县时，"父老遮道攀留"。后来，有一位兵部侍郎巡阅水师途经崇明，见一老者饿倒街头，便给他食物。老者哭诉道："若使林县主久任于此，吾邑岂有饿夫哉？"可见崇明百姓对林达泉的怀念。

水利历来是封建政府关心的大事，而林达泉之治绩，"尤以水利暴称于人"。他在江阴任上，鉴于邑内河道"岁久淤废"，便率先捐款集资，组织开浚了内、外城河，同时又挑疏了东横河，得灌田十余万亩。海州直隶地处江苏北部，东面临海，境内一些地方常被海水淹没，林达泉上任后，即亲临沿海地带勘查水利工程，并采取以工代赈的办法加以修筑。同时，又在州内开浚甲子河，挑玉带河数百丈，修复桥路，增筑堤防，"民咸称便"。他还根据当地的土质情况，劝民种棉，并设局教民纺绩，又广种桐柏杂树于山麓。百姓颂其善政，比之"召伯甘棠"。

光绪初年，台湾新设台北府，治理台湾是当时的一件大事。由于这里各民族杂居，且有中外交涉事宜，需要派一位有能力的人前往任职。当时的船政大臣沈葆桢以林达泉"器识闳远，洁己爱民"奏请调署。吏部按惯例认为不宜隔省调署，不同意，而皇帝特颁旨准试署。林达泉不负朝廷重托，一到福建即上治台诸策。及抵台北，即筹划兴建城垣，减征税收，整顿防营，设法招民垦荒，一切均"因地制宜，有条不紊"。但是，就在他准备一展宏图时，却因积劳成疾而离任，不久辞世，以致壮志未酬。

□故事感悟

林达泉任官只有十几年的时间，但他以自己尽职尽责的工作态度赢得了朝野一致的赞扬。黎庶昌所作《墓志铭》对他的评价是"可无憾辞""无愧鬼神"，应该说是恰当的。

林达泉断案

有一天，林达泉升堂视事，有一位中年妇女状告其儿媳寡妇不守妇道，与人私通，要求将之充官，卖给别人为奴。次日，林达泉即票传那位寡妇审问，不料那寡媳连呼冤枉，并申明真相，反告婆婆与和尚通奸。林达泉一时难辨是非，嘱咐那寡媳速具诉状上禀。林达泉思忖，若要办清此案，必须微服出访，掌握真实材料，方能分清是非。在原告邻里侦查获悉：原告婆媳均寡居，婆与和尚有私，媳百碍其事，婆视为眼中钉。又因和尚频频出入寡妇人家，邻里私下议论纷纷，婆怕奸情暴露，便恶人先告状，诬媳与人通奸。他掌握了真实情况后，已有断案妙策，便在府衙前贴出告示，定于某月某日在知府大堂审鼓与和尚，并允许群众观审。群众感到奇怪：和尚会说话，可审；鼓不会说话，太守怎么个审法呢？料想定有好戏可看。

开审之日，观审群众拥挤不堪，林达泉升堂后，先命衙役抬一大鼓置于堂下，又命衙役拘和尚及两原告跪于鼓旁。他宣告审案开始，当堂宣读婆媳互诉状，叫衙役拿一柄鼓槌，命老妇先敲鼓一下，再敲和尚头一下，连敲三遍。老妇第一锤把鼓得敲震天响，敲和尚头时，因她与和尚有私，不忍重打，遂重起轻落。轮到媳妇时，她把满腔怨恨都发泄到和尚头上，只见她先轻敲了一下鼓，随即把鼓槌狠狠地敲在和尚头上，打得和尚大喊饶命。打完三遍，和尚头上起了三个大包。林达泉随即发话判断与和尚通奸是婆而不是媳，理由就是婆与和尚有私，所以不忍重打；媳是含冤受屈，所以重敲和尚。于是当堂宣判：和尚为佛门弟子，不守清规，重责50大板，交由住持严惩；婆为老不尊，不守妇道，反诬告好人，充官卖给别人为奴；媳宣告无罪，还其清白，释放回家，并予表彰。百姓听后，连呼包青天再世。一场婆媳官司就此了结。